Baggio-Scheneider, Charton

Manual IV Practitioner em Programação Neurolinguística – A Linguagem da Mudança de Milton Erickson / Charton Baggio Scheneider – Londrina/PR: Charton Baggio Coaching Solution; 2020.

1. Neurolinguística : Programação : Psicoterapia
2. Linguagem : Psicologia
3. Programação Neurolinguística : PNL : Psicologia
4. Psicolinguística
5. Hipnotismo : Uso terapêutico : Medicina
6. Neurociência

Copyright © 2020 by Charton Baggio Scheneider.

Todos os direitos reservados.

Sem limitar os direitos sobre o copyright reservado acima, nenhuma publicação de qualquer parte pode ser reproduzida, armazenada, ou pode ser introduzida em um sistema de recuperação, ou transmitido, em qualquer meio (eletrônico, mecânico, fotocopiando, registrando, ou qualquer outro), sem a priori permissão por escrito do proprietário do copyright deste manual.

www.chartonbaggio.com

Charton Baggio Scheneider

MBA, MPNLP & HEAD COACH

MANUAL

Practitioner

em Programação Neurolinguística

A LINGUAGEM DA MUDANÇA

DE MILTON ERICKSON

Sumário

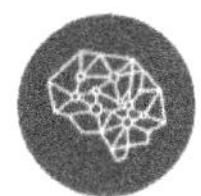

AGRADECIMENTOS

Descobri a Programação Neurolinguística em 1990 quando Morava em Niterói – RJ, e logo comprei todos os livros que existiam no mercado nacional sobre o tema que me encantou tremendamente, então com meus 22 anos de idade – e já se vão 30 anos desde então; porém, só em 1992 tive a oportunidade de realizer a minha formação formal nesta arte e nesta ciência, através das mãos não menos gabaritadas do o que até hoje consider meu 'grande mestre', o Dr. Nelson Spritzer, então director do Centro Sulbrasileiro de PNL – atual Dolphin Tech, com sede em Porto Alegre – RS, onde tive também o privilégio de participar de sua primeira turma de formação nível Practitioner em PNL, foi maravilhoso, um homem com grande sabedoria, e uma impecabilidade imensurável em tudo que fazia – logo comecei a modelá-lo em sua forma de falar, como pronunciava suas palavras, os gestos, os trejeitos, a forma como contraia seus lábios ao acessar suas informações internas buscando os melhores recursos para prover a medança em cada um de nós – não me contentei com isso, fiz minha formação como Master Practitioner também com ele e ai o mundo se abriu. A ele, minha eterna gratidão por ter me aceito como seu aluno, por ter sido quem foi enquanto eu estava sob sua tutela aprendendo a maestria da mudança e por ter se disposto a prefaciar este livro.

Já treinei com grande nomes nacionais e internacionais da PNL (no Brasil e no exterior), refiz minha formação com outros centros de formação – nenhum me deu o que obtive em minha formação inicial.

Agradeço a minha esposa, Camilla por me apoiar, me insentivar, me encorajar, ser meu alicerce em todos os momentos de minha vida, você é o meu presente, a luz que ilumina minha vida pessoal, emocional e professional – te amo!

Agradeço aos meus pais, Antonio e Noemi por serem exemplos de luta, de garra, de integridade, de ética e moral em minha vida.

Agradeço ao meu Rabino, Jacques Cukierkorn, por ser uma fonte de inspiração e apoio para sempre estar buscando novas oportunidades, que mesmo sem saber faz PNL diariamente.

Agradeço a Deus, por ter me dado o dom de ensinar, de ajudar as pessoas que se achegam a mim a transformarem suas vidas. E já se vão mais de trinta anos nessa jornada de uma vida curta que complete meio século neste mês ao qual concluo este livro, e ao qual declare aqui o que declaro como minha profissão de fé diariamente: Shema Israel, Adonai Eloheinu, Adonai Echad! (Ouve, Israel, o Eterno, é nosso Deus, o Eterno é Um!)

Por fim, agradeço a você leitor por estar se dando a chance de descobrir a PNL da forma como descobri (e procuro mantê-la até hoje – simples e íntegra) e mudou minha vida para sempre. Que este livro lhe leve a descobrir padrões e modelos para se tornar um ser humano melhor.

Charton Baggio Scheneider
Londrina – PR, Maio de 2018

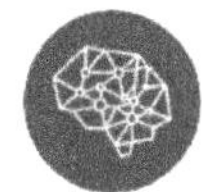

SOBRE O AUTOR

"Sempre há um espaço em sua vida para pensar maior, empurrar limites, imaginar o inimaginável."

-- Charton Baggio Scheneider

Por mais de duas décadas, Charton Baggio Scheneider vem servindo como conselheiro de líderes em todo o país. Uma autoridade reconhecida na psicologia de liderança, negociações, turnaround organizacional e desempenho máximo. Foi honrado por seu intelecto estratégico e empenho humanitário. Charton marcou diretamente a vida de milhares de pessoas em todo o território nacional através de seus eventos.

O que começou como um compromisso em ajudar os indivíduos a transformarem a qualidade das suas vidas cresceu, fazendo com que Charton seja requisitado por líderes de todas as áreas – presidentes e alta direção de empresas, políticos, atletas, profissionais da saúde, professores, pais.

Charton foi Presidente da Federação Internacional do Comércio – seccional Brasília (uma organização não governamental de âmbito mundial de jovens profissionais e empreendedores com idades entre 18 e 40 anos, os quais buscam, por meio do aprimoramento do indivíduo, as bases para o crescimento pessoal e de suas comunidades), e é membro do conselho de duas outras Fundações/Institutos: o ICPA - Instituto Ciências e Pesquisa Aplicada; e da FEPAT - Fundação de Educação e Pesquisa Aplicada em Tecnologia.

Charton é autor, terapeuta, conferencista, autoridade em saúde, coach de resultados, produtor de sistemas de treinamento em áudio, orador premiado, membro de diversas organizações assistenciais e comunitárias.

Como autor, Charton já escreveu doze livros, onze próprios e um com co-autoria.

Charton é um dos maiores oradores do país. Milhares de pessoas de diversos estados já assistiram a seus seminários. Charton criou um sistema de "imersão total" que produz a educação, estratégias e energização para mudança mensurável e duradoura. Ele também é o fundador da Universidade da Excelência que reúne os principais peritos dos seus respectivos campos no país.

Charton foi honrado por seus feitos como "Jovem Mais Destacado" e **"Eficiência Administrativa"** da Federação Internacional do Comércio, com sede nos EUA e filiais em mais de 140 países, bem como foi eleito o "Melhor Treinador/Facilitador" do estado do Rio Grande do Sul.

Charton possui uma incrível perspicácia para criar jogos inovadores que levam as pessoas a assimilarem os mais complexos conceitos de vários mercados de forma educativa, energizante e entretida - como o jogo chamado Bank-Game que visa instruir e capacitar as pessoas e organizações para o mercado financeiro.

Charton possui um MBA Executivo Internacional – Latu-Senso, é perito e autoridade nacional na Psicologia de Alta Performance – pessoal, profissional e turnaround organizacional. Tem estabelecido esta identidade pela sua consistente habilidade em alcançar as pessoas e organizações e auxiliá-las a criar constantemente resultados mensuráveis – produzindo mudanças nos indivíduos e organizações para quem trabalha. Sensibilidade humana, senso ético e profissional são constantes nos seus trabalhos.

Charton é altamente respeitado como autoridade de ponta na Psicologia de Alta Performance. Líderes e empreendedores que já estão no ápice do sucesso em todos os campos, têm em Charton um conselheiro estratégico quando precisam enfrentar decisões críticas que requerem uma procura, inclusive de opções criativas, e uma avaliação sistemática de probabilidades e consequências.

Membro de diversas associações de classe mundial, como:

- American Association For The Advancement of Science (AAAS);
- American Society for Training and Development (ASTD);
- Associação Brasileira de Recursos Humanos (ABRH);
- Associacion Latinoamericana de Programacion Neurolinguística;
- Creative Education Foundation;
- Instituto Nacional de Capacitação (INC);
- JCI Training Institute;
- Joseph Campbell Foundation,
- Junior Chamber International (JCI); e,
- New York Academy of Sciences.

Charton formou-se em Terapia e Hipnoterapia Ericksoniana, o qual é certificado pelo The Milton H. Erickson Foundation, Inc. de Phoenix, Arizona/USA. Possui ainda diversos cursos de especialização e atualização na área da terapia e hipnose clínica.

Sua formação inclui ainda os Títulos de Graduação em Programação Neurolinguística (PNL), com a titulação de Practitioner e Master Practitioner. Formado pelos melhores centros e institutos, tais como:

- Centro Sulbrasileiro de PNL (Porto Alegre/RS);

 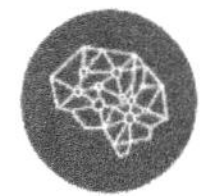

- Eastern NeuroLinguistic Programming Institute (New Jersey/USA);

- Primier Instituto Sudamericano de PNL (Buenos Aires/Argentina); e pela

- The Society of NeuroLinguistic Programming (San Francisco/USA).

... onde teve a oportunidade de treinar com expoentes Internacionais e Nacionais no campo da Neurolinguística, como: **Anthony Robbins, Robert Dilts, M.A. Linda Sommer, Lic. Maria Ana Chren, Dr. Maurício Chrem, Ph.D. Kelly Patrick Gerling, Lic. Beatriz Ces, Ph.D. Jeffrey K. Zeig, Dr. Nelson Spritzer, Dr. Lair Ribeiro, MsC. George V. Szenészi.**

Cursou o programa de Pensar de Alta Performance do Braintechnologies Institute (Colorado/USA).

Charton especializou-se no "Modelo de Comportamento Biopsicossocial do Adulto" e em **"Diagnóstico Empresarial"** pelo National Values Center (Texas/USA) – sendo representante de suas tecnologias no Brasil, e em **"Liderança e Management"** pelo The Leadership Project (Kansas City/USA), tendo participado ainda de um programa de **Transferência de Tecnologia (Desenvolvimento da Capacidade de Comportamento Empreendedor)**, promovido pela ONU através do Programa das Nações Unidas para o Desenvolvimento – (PNUD) e pela Agência Brasileira de Cooperação – (ABC), vinculada ao Ministério das Relações Exteriores.

Além de tudo isso, Charton teve a oportunidade de estar junto a experts e mestres no quilate de: **Ph.D. Don Beck, Christopher C.Cowan, Peter Drucker, Hazel Henderson, Hirotaka Takeuchi, Gary Hamel, Richard Barrett, Warren Bennis, Margaret J. Wheatley, Dudley Lynch, Peter Senge, William Ury, Michael E. Porter, Oscar Motomura,** entre outros.

É o criador do Sistema Result Coaching onde atua a 30 anos comprovando a eficácia do método exclusivo com clientes de diversos segmentos empresariais, educacionais e governamentais.

Já atuou como professor-convidado no curso de Pós-Graduação Executivo em Tecnologia nas cadeiras de Recursos Humanos e Jogos Empresariais e no curso de Gerência de Projetos em Engenharia de Software na cadeira de Alta Performance, ambos da Universidade Estácio de Sá em Brasília/DF, e nas cadeiras de Negociação, Comunicação e Gerenciamento da Comunicação em Projetos do Curso MBA em Gerência de Projetos da Universidade Cândido Mendes.

Entre outras, já realizou trabalhos para **empresas/organizações do governo federal, estadual e municipal, empresas do setor hoteleiro, automobilístico, atacadista, agrobusiness, educacional, empresarial, industrial e comercial, clubes de serviços e organizações não**

governamentais, além de associações de classe em trabalhos fechados e abertos nos **estados do RS, PR, MS, MT, GO, DF, TO, SP, RJ, MG e MA.**

Palavras que melhor o descrevem: Visionário, líder, filantropo, estrategista, aventureiro, apaixonado, treinador, amigo.

Charton quer ser lembrado como alguém que deixou este mundo como um lugar melhor para se viver.

A lição mais importante que Charton aprendeu é que *"se estamos no rio da vida, iremos bater em algumas pedras. Quem corre imobilizado, não se abate por ter um fracasso. A chave é se lembrar que não há nenhum fracasso na vida, só resultados. Se você não adquiriu os resultados que você quis, aprenda com a experiência de forma que você tenha referências sobre como tomar melhores decisões no futuro."*

Perspectiva a se manter: Quando Charton precisa ganhar perspectiva, ele contempla os bilhões de estrelas no céu e pensa em todos os universos lá fora. Isso o ajuda a se lembrar que ele é apenas um homem nesta pequena pedra que nós chamamos terra, e que seu propósito exclusivo é viver sua vida completamente e fazer o seu melhor para tocar tantas pessoas quanto ele possa enquanto estiver aqui.

Citação favorita: *"A meta definitiva da indagação não deve ser nem alívio nem êxtase em si mesmo, mas a sabedoria e o poder para servir aos outros. Uma das muitas distinções entre a celebridade e o herói é que o primeiro vive apenas para si, enquanto o outro seus atos redimem a sociedade".* Joseph Campbell

Filosofia empresarial essencial: para mudar o mundo, nós temos de nos mudar primeiro.

Princípio guia: É em seus momentos de decisão que seu destino é moldado. Para alcançar uma qualidade extraordinária de vida, você tem de decidir o que é mais importante para você e então entrar em ação volumosa à cada dia para fazer isto melhor e prioritariamente. De fato, a maior característica que as pessoas extraordinariamente prósperas têm acima da pessoa comum é a sua habilidade para se fazer entrar em ação.

Filosofia para mudança: Mudança normalmente não é uma questão de capacidade; é quase sempre uma questão de motivação.

Melhor modo para manter extremidade competitiva: Aqueles que alcançam à parte extraordinária de sua vida possuem o poder fundamental da coragem. Não a ausência de medo, mas a vontade para penetrar as limitações e agir sobre o planejado. O medo paralisa impedindo muitas pessoas de entrar em ação. O medo do fracasso, o medo do sucesso, o medo da rejeição – inconscientes que nós não percebemos frequentemente, que temos. Para alcançar o verdadeiro sucesso, nós temos de penetrar primeiro o medo. Segundo, nós temos de aplicar estratégias específicas e comprovadas para criar impulso em nossa vida – assim, as coisas que parecem difíceis no

 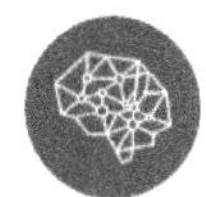

princípio, com o passar do tempo, vão se tornando fáceis. E terceiro, nós temos de criar a vitalidade física e energia que precisamos para concluir o que nós aprendemos.

Lições empresariais aprendidas: O sucesso deixa pistas! Nós não precisamos reinventar a roda, especialmente quando alguém já navegou as correntezas antes de nós. Aqueles que alcançaram e contribuíram mais e mais com a sociedade invariavelmente estiveram nos ombros das pessoas que vieram antes deles. Se você quer alcançar o sucesso, tudo o que precisa fazer é achar um modo para modelar esses que já tiveram sucesso.

Meta a ser alcançada: O trabalho de vida de Charton sempre tem sido ajudar as pessoas a criarem uma qualidade extraordinária de vida – agora, seu desafio é achar o melhor veículo para alcançar o maior número de pessoas de modo que se tornem realizadas.

Como melhorar o trabalho: As pessoas têm dentro delas uma força que é tão poderosa que uma vez liberta, não há nada que possa impedi-las de fazer tudo o que elas pretendem na vida. Ajudar as pessoas a transformar os seus sonhos em realidade é sua maior excitação e paixão.

Compromisso, Liderança, Perspicácia e Autorização.

O segredo para o sucesso de Charton é a sua habilidade para modelar as estratégias de alguns dos indivíduos mais prósperos no mundo e comunicar poderosamente estas habilidades a outros. Ele é perito em levar o complexo e sintetizar isto em ferramentas e estratégias imediatamente aplicáveis que simplesmente podem ser utilizadas por qualquer um, para melhorar a sua qualidade de vida. Porém, a vantagem mais competitiva dele é a sua habilidade para entreter. Como Charton diz muitas vezes: *"Nós somos uma cultura de entretenimento, vivendo em uma era de entretenimento. Muitos empreendimentos educacionais não alcançam os resultados que eles desejam por falta de uma ideia simples: A maioria das pessoas seria entretida muito mais que educada. O pedagogo deste século deve ser um Artista extraordinário que Educa as pessoas com as melhores ferramentas e as Autoriza a agir nelas. Esta é a chamada filosofia E-Cubo - Educação-Entretenimento-Energização."*

O compromisso de Charton é para com a sua filosofia de Melhoria Constante e Incessante, (MCI), o que o compromete a se encontrar e modelar alguns dos maiores líderes de nossos dias.

Charton criou um sistema de "imersão total" que produz educação, estratégias e impulso para mudança mensurável e duradoura. Charton também é o fundador da Universidade da Excelência que reúne os peritos dos principais campos de conhecimento do país.

Charton já foi vinculado em diversos meios de comunicação (rádios AM e FM, emissoras de TV e jornais) de todo o país dando entrevistas sobre os mais diversos temas.

Como um catalisador reconhecido de sistemas em desenvolvimento e estratégias para transformações aceleradas e duradouras em indivíduos e organizações, Charton agora também é constantemente procurado por psicólogos e psiquiatras para treiná-los.

O compromisso de Charton é criar um legado duradouro que marcará o mundo que só é ultrapassado pela sua paixão pela família como um pai dedicado aos seus filhos e um marido amoroso para sua esposa.

 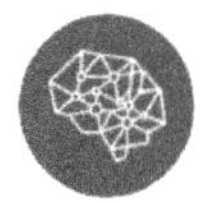

POR ONDE JÁ ANDEI

Nestes anos de trabalho e dedicação total aos meus clientes, tive a oportunidade de estar presente em uma variedade de empresas e organizações em uma extensiva gama de segmentos, e de prover nossos recursos para que eles pudessem obter práticas extraordinárias. O seguinte é uma amostragem dos clientes que ajudei a ter realização nos seus objetivos:

Prefácio do Dr. Nelson Spritzer

Nos anos 1990, no Brasil, praticamente não havia ninguém que praticasse ou ensinasse uma nova ferramenta de mudanças que surgira nos anos 1970, na Califórnia – EUA, através da genialidade de dois parceiros em descobertas: Richard Bandler e John Grinder.

Um resumo do contexto no qual eu me encontrava naquela época. Eu era um jovem médico, formado em 1978, já bastante prestigiado. Em 1983, após concluir meu mestrado, ganhei um prêmio internacional de Cardiologia, na cidade de Vancouver-Canada, por descobrir que pessoas com pressão alta tendem a sentir menos o paladar ao sal. Em seguida, após concluir meu doutorado, fui o responsável pela introdução *Monitorização Ambulatorial da Pressão Arterial* (MAPA) no Brasil e um dos pioneiros no estudo da fração proteica do veneno da jararaca para baixar a pressão arterial.

Por tudo isso era palestrante e convidado frequente em diversos eventos científicos internacionais. Num desses eventos tomei contato com a Programação Neurolinguística (PNL). Dali em diante foi uma sucessão de encontros, descobertas e mudanças que transformaram minha carreira e minha vida. Um caminho nem sempre fácil e cheio de armadilhas.

Em 1991, após consolidar formação e experiência razoável em praticar a PNL com diversos pacientes da minha própria clínica resolvi abrir uma escola. O então *Centro Sulbrasileiro de PNL* foi a primeira no sul do Brasil e a segunda do Brasil (havia uma em São Paulo). Com o apoio irrestrito da minha dileta mestra e amiga Linda Sommer, do *Eastern NLP Institute*, e seu marido Joseph Yeager um dos mais profícuos criadores de novos padrões na PNL, estabeleci um modelo de ensino, pratica e atendimento que repercute até hoje com milhares de alunos espalhados pelo mundo.

Nos primórdios da nossa escola, entre os mais inquisidores, inquietos e curiosos alunos que vinham aprender comigo estava um jovem gaúcho, Charton Baggio – na época não incluía o sobrenome Scheneider (curiosamente idêntico ao da minha avó materna). Logo, revelou-se atento, perspicaz, não se satisfazia com qualquer resposta e sempre procurava verificar o que era dito. Terminada a sua formação inicial comigo perdi seu rastro mas nunca permiti a admiração e a amizade por ele.

Recentemente graças aos milagres das redes sociais, retomamos contato. Uma oportunidade muito especial pois me permite escrever algumas palavras a mais do que os curtos textos das redes sociais permite.

Ao ler o manual, de cara, duas constatações: é uma empreitada de folego – mais de 700 páginas! e é integro, honesto, procurando retratar aquilo que foi, é e ainda continuará sendo o que é relevante em PNL. Depois de tantos

 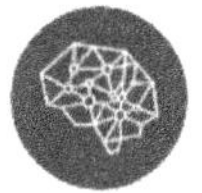

mistificadores e mistificações, que só empobreceram o modelo original porque serviram apenas para propaganda e marketing com pouco impacto na vida das pessoas, a obra de Charton vem resgatar, e na devida ordem como as coisas aconteceram, o que foi o surgimento da PNL, como se sucedeu, seus principais portadores de insights, sua estrutura e suas aplicações.

Trata-se de um manual com uma objetividade necessária para o praticante inicial não se perder, contém exemplos práticos e diagramas e imagens simplificadoras das estruturas mais complexas. Sua leitura é agradável e propõe desde o início que o leitor pratique.

Isso aliás é fundamental enfatizar-se, não há como se adquirir competências em geral, e em PNL em especial, sem que o aluno/leitor pratique tudo o que é ensinado. E só praticar não é suficiente, é preciso um feedback qualificado enquanto se pratica. Sem isso o que fica é apenas o conteúdo, os conceitos. A PNL pode ser entendida mas não adquirida pelo leitor.

O Charton percorreu caminhos muito parecidos com os meus. Foi até a Linda Sommer, no *Eastern NLP Institute*, foi até o Dudley Lynch no *Brain Technology Institute*. Fez sem dúvidas uma sólida formação. Revela-se um escritor ético, congruente e procura ser profundo no que aborda.

Como seu professor e amigo de longa data é uma alegria retomar este valioso contato especialmente através desta honrada oportunidade de prefaciar uma obra tão abrangente e completa sobre a ferramenta que ambos escolhemos como instrumental nas nossas escolhas de carreira e de vida e, portanto, temos muito carinho e cuidado pelo que se faz com ela.

O leitor será brindado com conteúdo honesto e profundo. O praticante será brindado com uma série de ferramentas que tem sua base explicada, sua estrutura detalhada e sua prática estimulada. Os amantes das inovações e os praticantes veteranos da PNL se sentirão em boa companhia ao ler este manual. Algo de bom e de útil foi feito aqui, para servir a todos. Se não por mais, só isso já justifica dizer parabéns Charton, valeu muito a pena!

- Dr. Nelson Spritzer

Porto Alegre, Maio de 2018.

O Dr. Nelson Spritzer, é Diretor-Presidente do Grupo Dolphin Tech. É reconhecido nacionalmente como um palestrante motivador, consultor de mudanças de grande impacto, coach e criativo desenvolvedor de processos de mudança tanto para indivíduos como para empresas e grupos.

É formado em medicina; Mestre em Cardiologia (UFRGS) e Doutor em Nefrologia (Escola Paulista de Medicina-UFESP) especialista de renome nacional nas áreas da Hipertensão Arterial Sistêmica e do Estresse Humano; formado em Tecnologia de Ensino Superior (UFRGS) e em Medicina do Trabalho (Fundacentro/FFFCM), acumula longa experiência nestas áreas. Tem inúmeros trabalhos científicos apresentados e publicados no País e exterior, ganhador de vários prêmios científicos nacionais e internacionais.

É autor de muitos produtos para desenvolvimento humano, entre os quais os livros: *"Pensamento e Mudança - Desmistificando a Programação Neurolinguística"*, *"O Novo Cérebro - Como Obter Resultados Inteligentes"*, *"Ler Pessoas"*, *"Mapa da Mina"*, editados em 1993, 1995, 2006 e 2007 respectivamente ambos pela editora Dolphin Tech Edições, Porto Alegre, Rio Grande do Sul.

CONTEÚDO DOS QUATRO VOLUMES

TEMAS ABORDADOS NO LIVRO I

"Com o sinal adequado se pode dizer qualquer coisa, com o sinal adequado, nada vale. Acertar sinal é o essencial."
– George Bernard Shaw

DESCOBRIMENTO, INCREMENTO E INCORPORAÇÃO DE CAPACIDADES E HABILIDADES CHAVES E ESSENCIAIS PARA UMA COMUNICAÇÃO EXCELENTE

RAPPORT

O rapport é um modo de criar um vínculo com o outro, outros e consigo mesmo. O rapport produz um estado de afinidade, sintonia, empatia, confiança, segurança e sensação de ser acompanhado, de ser escutado e de ser compreendido. RECONHECIMENTO E PRÁTICA DA LINGUAGEM CORPORAL, TONAL E VERBAL, que os excelentes comunicadores utilizam naturalmente e geralmente em forma não consciente, o que uma boa comunicação requer.

INTERAÇÃO COMUNICACIONAL

PERCEPÇÃO DE RESULTADOS GERADOS POR NOSSAS INTERAÇÕES VISTOS COMO FEEDBACK POSITIVO, para conduzir nossa interação em direção aos resultados desejados, sejam estes persuadir, influir, motivar, mudar ou comunicar. "O significado da comunicação é a resposta que esta provoca, independente da intenção do comunicador."

INFORMAÇÃO ESPECÍFICA E RELEVANTE

DETECÇÃO DE ESTRUTURAS SUPERFICIAIS E PROFUNDAS DE LINGUAGEM APRENDENDO A ESCUTAR "ENTRE LINHAS" E FORMULAR AS PERGUNTAS CERTAS PARA TRAZER AO CONSCIENTE, PORÇÕES ESSENCIAIS (INCONSCIENTES) INCLUÍDAS NO DISCURSO. Treinamento minucioso da observação de chaves mínimas de apreciação de conduta das pessoas e suas reações às nossas intervenções, podendo assim se detectar os pontos chaves mais importantes.

VALORES

CRENÇAS, CRITÉRIOS E MODOS DE AVALIAÇÃO DA REALIDADE que determinam o que é o mais importante para cada um. Cada ser humano, mesmo que compartilhe valores semelhantes, tem seus modos individuais e muito particulares de avaliar distintos aspectos da realidade. Geralmente se supõe que os outros têm os nossos mesmos critérios. Esta crença produz maus entendimentos e desacordos. Descobrir os próprios critérios e saber diferenciá-los dos critérios dos outros é outro elemento essencial a se ter em conta na comunicação humana.

ESTE MÓDULO CORRESPONDE A 25% DO PROGRAMA ANUAL COM DIPLOMA DE NÍVEL PRACTITIONER 2.0 EM PNL.

TEMAS ABORDADOS NO LIVRO II

"O que fazemos com nós mesmos AGORA é o mais importante para amanhã. Se não fazemos nada para mudar nossa atitude e nosso modo de atuar, amanhã parecerá ontem exceto pela data."
– Moshe Feldenkrais

O PODER DO NOSSO ESTADO

Os disparadores e sinais relevantes. A fisiologia. Exploração das limitações e sua superação para se alcançar metas.
ESTADO PRESENTE, sua estrutura, disparadores e sinais relevantes (quádruplos).

PROGRAMAÇÃO DO ESTADO E DA AÇÃO EXITOSA

A ATITUDE, O ESTADO DESEJADO. Definição e condição de boa forma para se conseguir alcançar os objetivos. Desafios de relevância. Técnicas de "Como se".
ANCORAGEM, tipos, técnicas para instalação de âncoras e auto ancoragem. Encadeamento, CÍRCULO MÁGICO.
ATRAVESSANDO A FRONTEIRA DA MUDANÇA, GERANDO NOVAS CONDUTAS.

REPROGRAMAÇÃO DE ESTADOS PSICOFÍSICOS E ATUITUDES NEGATIVAS

MUDANÇA DE ATITUDE
RESIGNIFICAÇÃO EM SEIS PASSOS. ANCORAGEM: Colapsar e Dissolver. Re-ancorar.
INTRODUÇÃO ÀS SUBMODALIDADES: Descobrindo O PODER DA ESTRUTURA DOS NOSSOS MAPAS. Exercício Mental para reeducar nossa mente e conseguir maior domínio mental.

APLICAÇÃO EM DIFERENTES CONTEXTOS

ESTE MÓDULO CORRESPONDE A 25% DO PROGRAMA ANUAL COM DIPLOMA DE NÍVEL PRACTITIONER 2.0 EM PNL.

TEMAS ABORDADOS NO LIVRO III

"Dado que o comportamento das pessoas depende dos mapas que seus cérebros usam, compreender como as pessoas criam seus próprios mapas do mundo é uma parte muito importante para se poder compreender o porquê e o como as pessoas fazem o que fazem."
– Robert Dilts

ESTRATÉGIAS DE EXCELÊNCIA E MODELAGEM

INTRODUÇÃO ÀS ESTRATÉGIAS DE EXCELÊNCIA

Utilização da premissa básica da PNL de que há uma redundância entre os padrões macroscópicos observáveis de comportamento humano (p.ex.: o fenômeno linguístico e paralinguístico, movimentos oculares, posição das mãos e do corpo, etc.) e os padrões de atividade neuronal subjacentes que governam este comportamento.

DEFINIÇÃO
TIPOS DE ESTRATÉGIAS: As sete estratégias primárias
ESTRUTURA DA ESTRATÉGIA: Distintos modelos e o modelo da PNL
EXTRAÇÃO DA ESTRATÉGIA:
    A.   Preparação
    B.   Procedimentos
    C.   Métodos
INCORPORAÇÃO DA ESTRATÉGIA
ESTRATÉGIA PARA TRANSFORMAR O FRACASSO EM FEEDBACK

INTRODUÇÃO À MODELAGEM

"Convido-te a mirar na vida dos homens como um espelho e a pegar dos demais o exemplo para ti mesmo".
– Terencio

IDENTIFICANDO OS PADRÕES E FATORES INTERVENIENTES
A FISIOLOGIA: O corpo como um dial.
AS ESTRATÉGIAS: A sequência e a estrutura que "fazem a diferença"
AS CRENÇAS: Poderosas comportas da mente.
A AÇÃO: Um passo inadiável

APLICAÇÃO EM CONTEXTOS GRUPAIS E ORGANIZACIONAIS

ESTE MÓDULO CORRESPONDE A 25% DO PROGRAMA ANUAL COM DIPLOMA DE NÍVEL PRACTITIONER 2.0 EM PNL.

TEMAS ABORDADOS NO LIVRO IV

"... E minha voz irá contigo. E minha voz se converterá na voz de teus pais, teus amigos, teus companheiros... e quero que te vejas... uma menina pequena que sente contente por algo... algo que tu te esquecestes faz muito tempo."
– Milton H. Erickson

A LINGUAGEM DA MUDANÇA

INTRODUÇÃO AO MODELO ERICKSONIANO

ESTADOS DE CONSCIÊNCIA:
A. Vigília
B. Transe
C. Hipnose

PADRÕES LINGUÍSTICOS E PARALINGUÍSTICOS

TÉCNICAS INTRODUTÓRIAS ÀS ESTRATÉGIAS PARA MUDAR ESTADOS DE CONSCIÊNCIA

PRÉ-INDUÇÃO
INDUÇÃO
PÓS-INDUÇÃO
A METÁFORA
DEFINIÇÃO
TIPOS: Desenhos, isomórficas, sequências de resposta, encaixe na estrutura, contos e histórias óbvias
ESTRUTURA
CONSTRUÇÃO, ARMAÇÃO E UTILIZAÇÃO
AS METÁFORAS DE MILTON ERICKSON
MUDANÇAS GENERATIVAS
RE-ESTRUTURAÇÃO E MUDANÇA DE HISTÓRIA
RE-ESTRUTURAÇÃO DE TRAUMAS E FOBIAS
INTEGRAÇÃO DE PARTES DISSOCIADAS OU EM CONFLITO

APLICAÇÕES EM DIFERENTES CONTEXTOS

ESTE MÓDULO CORRESPONDE A 25% DO PROGRAMA ANUAL COM DIPLOMA DE NÍVEL PRACTITIONER 2.0 EM PNL.

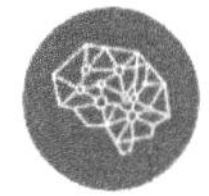

Embasamento Histórico & Conceitual

 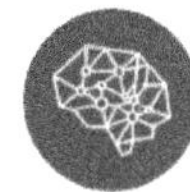

A História da Programação Neurolinguística

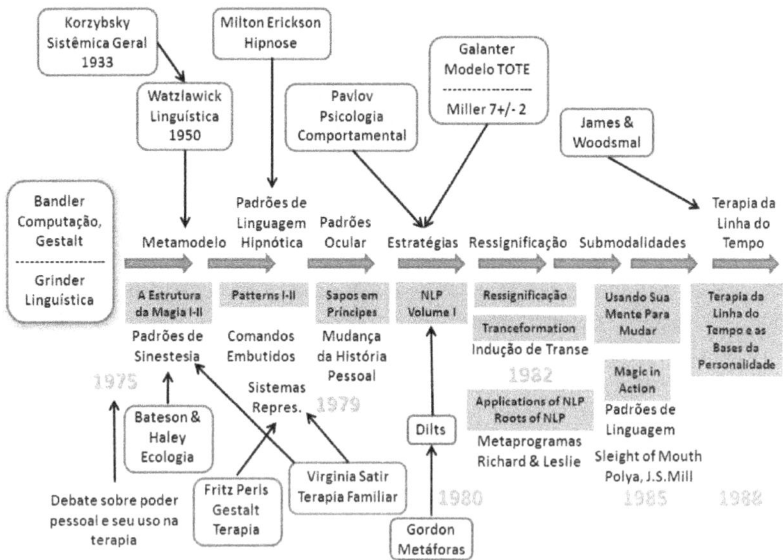

Um dos grandes expoentes da Programação Neurolinguística, Steve Andreas em seu livro "PNL - A Nova Tecnologia do Sucesso", *"A história da PNL é a história de uma sociedade improvável que criou uma inesperada sinergia que resultou em um mundo de mudanças."*

A PNL desenvolve-se no seguimento do estudo que seus cocriadores fizeram de psicoterapeutas de renome da época. E tudo isso acontece quando os *"hippies"*, uma parte do movimento da contra cultura dos anos 60, está a chegar ao fim e entram em cena os *yuppies*, o que faz da PNL uma certa mistura. Por um lado, encontram-se tendências como "paz e amor", "ser verdadeiro", "si mesmo", "contato com o sentir interior" e "tudo é possível". Por outro lado, o "pragmatismo", "prestar", "algibeira cheia" dos seguidores da moda do *Young Urban Professional*.

No início dos anos 70, o futuro cofundador da PNL, Richard Bandler, estudava matemática na Universidade da Califórnia, em Santa Cruz. No princípio, ele passava a maior parte do seu tempo estudando computação. Inspirado por um amigo de família que conhecia vários dos terapeutas inovadores da época, ele resolveu cursar psicologia.

Bandler redigia então, como *part-time*, textos de workshops e discursos do psicoterapeuta Frits Pearls e é influenciado por ideias como a vivência do aqui e agora, a luta contra os papéis sociais corretos e a tomada de auto responsabilização pelo nosso próprio comportamento. Com base no que via nos vídeos, Bandler começou ele mesmo a experimentar com grupos de colegas estudantes.

Após estudar cuidadosamente alguns desses famosos terapeutas, Richard descobriu que, repetindo totalmente os padrões pessoais de comportamento deles, poderia conseguir resultados positivos similares com outras pessoas. Essa descoberta se tornou a base para a abordagem inicial de PNL conhecida como Modelagem da Excelência Humana.

Depois, ele encontrou outro cofundador da PNL, o dr. John Grinder, professor adjunto de linguística e grande conhecedor da gramática transformacional de Chomsky e da semântica de Korzybski. A carreira de John Grinder era tão singular quanto a de Richard. Sua capacidade para aprender línguas rapidamente, adquirir sotaques e assimilar comportamentos tinha sido aprimorada na Força Especial do Exército Americano na Europa nos anos 60 e depois quando membro dos serviços de inteligência em operação na Europa. O interesse de John pela psicologia alinhava-se com o objetivo básico da linguística – revelar a gramática oculta de pensamento e ação.

No começo, nas noites de terça-feira, Richard Bandler conduzia um grupo de terapia Gestalt formado por estudantes e membros da comunidade local. Ele usava como modelo o seu fundador iconoclasta, o psiquiatra alemão Fritz Perls. Para imitar o dr. Perls, Richard chegou a deixar crescer a barba, fumar um cigarro atrás do outro e falar inglês com sotaque alemão. Nas noites de quinta-feira, Grinder conduzia um outro grupo usando os modelos verbais e não verbais do dr. Perls que vira e ouvira Richard usar na terça. Sistematicamente, eles começaram a omitir o que achavam ser comportamentos irrelevantes (o sotaque alemão, o hábito de fumar) até descobrirem a essência das técnicas de Perls - o que fazia Perls ser diferente de outros terapeutas menos eficazes. Haviam iniciado a disciplina de Modelagem da Excelência Humana.

Descobrindo a semelhança de seus interesses, eles decidiram combinar os respectivos conhecimentos de computação e linguística, junto com a habilidade para copiar comportamentos não verbais, com o intuito de desenvolver uma "linguagem de mudança".

Encorajados por seus sucessos, eles passaram a estudar um dos grandes fundadores da terapia de família, Virginia Satir, e o filósofo inovador e pensador de sistemas, Gregory Bateson. Richard reuniu suas constatações originais na sua tese de mestrado, publicada mais tarde como o primeiro volume do livro *The Structure of Magic* (A Estrutura da Magia). Bandler e Grinder tinham se tornado uma equipe, e as suas pesquisas continuaram a ser feitas com determinação.

 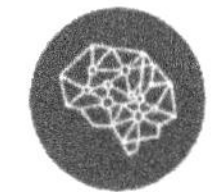

O cocktail Bandler e Grinder produz, entre 70 e 80, os elementos que formarão a base da PNL: a vivência do aqui e agora, os modelos do mundo e as relações da linguagem com a experiência, padrões linguísticos modelados de Virginia Satir (o modelo Meta com as suas omissões, generalizações e distorções) e Milton Erickson (o modelo da linguagem de transe), o acento na auto responsabilização (primeiro pelo próprio comportamento, mais tarde pelo nosso total modelo do mundo), a modelagem, e um número de técnicas para atingir objetivos. A partir de Virginia Satir, para além do Meta Modelo de linguagem, desenvolvem o modelo das partes, os aspetos relacionais e o rapport.

O que os diferenciava de muitas escolas de pensamento psicológico alternativo, cada vez mais numerosas na Califórnia naquela época, era a busca da essência da mudança. Quando Bandler e Grinder começaram a estudar pessoas com dificuldades variadas, observaram que todas as que sofriam de fobias pensavam no objeto de seu medo como se estivessem passando por aquela experiência no momento.

Quando estudaram pessoas que já haviam se livrado de fobias, eles viram que todas elas agora pensavam nesta experiência de medo como se a tivessem vendo acontecer com outra pessoa- semelhante a observar um parque de diversões à distância.

Com esta descoberta simples, mas profunda, Bandler e Grinder decidiram ensinar sistematicamente pessoas fóbicas a experimentarem seus medos como se estivessem observando suas fobias acontecerem com uma outra pessoa à distância. As sensações fóbicas desapareceram instantaneamente. Uma descoberta fundamental da PNL havia sido feita. Como as pessoas pensam a respeito de uma coisa faz uma diferença enorme na maneira como elas irão vivenciá-la.

Ao buscar a essência da mudança nos melhores mestres que puderam encontrar, Bandler e Grinder questionaram o que mudar primeiro, o que era mais importante mudar, e por onde seria mais importante começar. Por sua habilidade e crescente reputação, rapidamente conseguiram ser apresentados a alguns dos maiores exemplos de excelência humana no mundo, incluindo o Doutor Milton H. Erickson, M.D., fundador da Sociedade Americana de Hipnose Clínica e amplamente reconhecido como o mais notável hipnotizador do mundo.

Doutor Erickson era uma pessoa tão excêntrica quanto Bandler e Grinder. Jovem e robusto fazendeiro de Wisconsin, na década de 1920, ele foi atacado pela poliomielite aos dezoito anos. Incapaz de respirar sozinho, ele passou mais de um ano deitado dentro de um pulmão de aço na cozinha da sua casa. Embora para uma outra pessoa qualquer isso pudesse ter significado uma sentença de prisão, Erickson era fascinado pelo comportamento humano e se distraía observando como a família e os amigos reagiam uns aos outros, consciente e inconscientemente. Ele construía comentários que provocariam respostas imediatas ou retardadas nas pessoas a sua volta, o tempo todo aprimorando a sua capacidade de observação e de linguagem.

Recuperando-se o suficiente para sair do pulmão de aço, ele reaprendeu a andar sozinho, observando sua irmãzinha dar os primeiros passos. Embora continuasse precisando de muletas, participou de uma corrida de canoagem antes de partir para a faculdade, onde acabou se formando em medicina e depois em psicologia. Suas experiências e provações pessoais anteriores o deixaram muito sensível à sutil influência da linguagem e do comportamento. Ainda estudando medicina, ele começou a se interessar muito por hipnose, indo mais além da simples observação de pêndulos e das monótonas sugestões de sonolência. Ele observou que seus pacientes, ao lembrarem de certos pensamentos ou sensações, entravam naturalmente em um breve estado semelhante a um transe e que esses pensamentos e sensações poderiam ser usados para induzir estados hipnóticos. Mais velho, ele se tornou conhecido como o mestre da hipnose indireta, um homem que podia induzir um transe profundo apenas contando histórias.

Na década de 1970, o dr. Erickson já era muito conhecido entre os profissionais da medicina e era até assunto de vários livros, mas poucos alunos seus conseguiam reproduzir seu trabalho ou repetir seus resultados. Dr. Erickson frequentemente era chamado de "curandeiro ferido", visto que muitos colegas seus achavam que seus sofrimentos pessoais eram responsáveis por ele ter se tornado um terapeuta habilidoso e famoso mundialmente.

Quando Richard Bandler ligou pedindo uma entrevista, aconteceu de o dr. Erickson atender, pessoalmente, o telefone. Embora Bandler e Grinder fossem recomendados por Gregory Bateson, Erickson respondeu que era um homem muito ocupado. Bandler reagiu dizendo, "Algumas pessoas, dr. Erickson, sabem como achar tempo", enfatizando bem "dr. Erickson" e as duas últimas palavras. A resposta foi, "Venha quando quiser", enfatizando também as duas últimas palavras em especial.

Embora, aos olhos do dr. Erickson, a falta de um diploma de psicologia fosse uma desvantagem para Bandler e Grinder, o fato de esses dois jovens talvez serem capazes de descobrir o que tantos outros não haviam percebido o deixou intrigado. Afinal de contas, um deles havia acabado de falar com ele usando uma de suas próprias descobertas de linguagem hipnótica, hoje conhecida como um comando embutido. Ao enfatizar as palavras "dr. Erickson, achar tempo", ele havia criado uma frase separada dentro de uma outra maior que teve o efeito de um comando hipnótico.

Bandler e Grinder chegaram no consultório/casa do dr. Erickson em Phoenix, no Arizona, para aplicar suas técnicas de modelagem, recentemente

 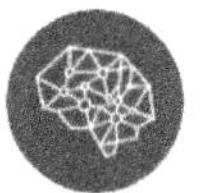

desenvolvidas, ao trabalho do talentoso hipnotizador. A combinação das legendárias técnicas de hipnotização do dr. Erickson e as técnicas de modelagem de Bandler e Grinder forneceram a base para uma explosão de novas técnicas terapêuticas. O trabalho deles junto com o dr. Erickson confirmou que haviam encontrado uma forma de compreender e reproduzir a excelência humana.

Do contato com Gregory Bateson nasce o conceito da ecologia e o modelo Tote, um modelo para comportamento direcionado a atingir um objetivo. De Milton Erickson, para além do modelo linguístico com o fim de criar a sugestão indireta e das metáforas, vem a ideia de recursos e a calibragem de comportamentos não-verbais como manifestação de experiências internas.

Em 1975 Bandler e Grinder escrevem *"A estrutura da magia: vol. 1"*[1] Usando linguística, matemática e observações literais da linguagem pretendida para mudança, eles demonstraram insights que mudam o jogo em como os recursos de comunicação, como fala, emoção e imagem refletem os mapas linguísticos da experiência pessoal e da tomada de decisões. Eles desenvolveram uma coleção de métodos duradouros para alterar os mapas de linguagem. Eles identificaram mecanismos linguísticos que alteram os mapas, o que, por sua vez, mudaria as escolhas feitas pelas pessoas.

E assim nasce a PNL – Programação Neurolinguística.

Nesta época, as turmas da faculdade e os grupos noturnos conduzidos por Grinder e Bandler estavam atraindo um número crescente de alunos ansiosos por aprenderem esta nova tecnologia de mudança. Nos anos seguintes, vários deles, inclusive Leslie Cameron-Bandler, Judith DeLozier, Robert Dilts e David Gordon dariam importantes contribuições próprias.

Oralmente, esta nova abordagem de comunicação e mudança começou a se espalhar por todo o país. Steve Andreas, na época um conhecido terapeuta da Gestalt, deixou de lado o que estava fazendo para estudá-la. Rapidamente, ele decidiu que a PNL era uma novidade tão importante que, junto com a mulher e sócia, Connirae Andreas, gravou os seminários de Bandler e Grinder e os transcreveu em vários livros.

O primeiro, *Frogs into Princes* (Sapos em Príncipes - Summus), se tornaria o primeiro best-seller sobre PNL. Em 1979, um extenso artigo sobre PNL foi publicado na revista *Psychology Today*, intitulado "*People Who Read People*". A PNL deslanchava.

---

[1] Palo Alto, CA: Livros de Ciência e Comportamento.

BASES DA PROGRAMAÇÃO NEUROLINGUÍSTICA

PREMISSA BÁSICA

A premissa básica da PNL é que há uma redundância entre os padrões macroscópicos observáveis no comportamento humano (por exemplo, o fenômeno linguístico e paralinguístico, movimentos oculares, posições das mãos e do corpo, etc...) e os padrões de atividade neuronal subjacentes que governam este comportamento.

OBJETIVO

O objetivo da PNL é integrar a informação macroscópica sobre a experiência e o comportamento humano que podemos obter através de nossa experiência sensorial com a informação microscópica não observável da experiência e o comportamento neurofisiológico dentro de um modelo cibernético.

CARACTERÍSTICAS

Está baseada no conceito **"HOLONÔMICO"** de aprendizagem e memória (Pribram, 1973/1977), isto é, aprendendo a aprender: aprender a maneira de aprender a receber sinais.

Também é **PSICODINÂMICA**, pois se concentra na integração de processos internos (partes) e a resolução de conflitos entre programas de comportamento.

Porque se baseia na **CIBERNÉTICA**, a PNL toma o ser humano como um sistema global no qual cada parte afeta e é afetada pelas demais partes do sistema.

PNL é **HUMANISTA** ao pressupor que cada indivíduo possui os recursos de que necessita para mudar.

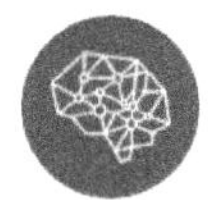

NUTRE-SE DE:

| (Nahum Chomsky) Psicolingística | (Alfred Korzybski) Neurolinguística e Neurosemântica | (Gregory Bateson) A nova ciência da comunicação sistêmica Universidade Invisível (Jackson/Watzlawick). | (Virginia Satir) Terapia Familiar | (Milton Erickson) Técnicas Hipnóticas | (Fritz Perls) Gestalt Terapia |

 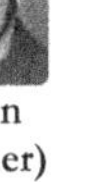

(John Grinder) Linguística

(Richard Bandler) Matemática

Criadores da PNL

Mais...

- As últimas investigações em neuro e psicocibernética que estudam o funcionamento do cérebro como um sistema de comunicação biológico e social.

- Abordagens psicoterapêuticas: Psicosíntese, Terapias Cognitivas e Análise Transacional.

O QUE É PROGRAMAÇÃO NEUROLINGUÍSTICA (PNL)

A PNL é uma disciplina que se desenvolveu a partir da tarefa de responder à seguinte pergunta:

❖ **COMO ESPECIFICAMENTE TERAPEUTAS CONSIDERADOS MESTRES EM COMUNICAÇÃO CONSEGUIAM, DE FORMA CONSISTENTE E EXITOSA, OS OBJETIVOS TERAPÊUTICOS QUE SE PROPUNHAM?**

E, através desta busca, se chegou a uma pergunta ainda mais fundamental:

❖ **QUAL É A ESTRUTURA DA EXPERIÊNCIA SUBJETIVA NOS SERES HUMANOS?**

A resposta a estas duas perguntas fundamentais provocaram o desenvolvimento de poderosas e efetivas ferramentas de comunicação e mudanças de extrema utilidade na área da psicoterapia, na educação, nas organizações empresariais e institucionais e em qualquer profissão cuja atividade tenha a ver com comunicação.

A PNL é uma revolucionária forma de utilização da comunicação humana. Podemos definir a PNL definindo cada uma das palavras que a compõem. Do nome:

❖ **PROGRAMAÇÃO:** Programar. Refere-se ao processo de organização dos componentes de um sistema, neste caso, o dos sistemas

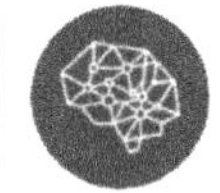

representacionais sensoriais, mediante o qual a gente pensa, aprende, se motiva, muda. É a habilidade para descobrir e utilizar os programas que nós usamos (nossa comunicação para conosco e para com os outros) em nosso sistema neurológico para alcançarmos nossos resultados específicos e desejados.

a) NEURO: Neurônios, Sistema Nervoso. Derivado do grego *"neurón"* = nervo, indica o princípio fundamental de que toda a conduta também é o resultado de um processo neurofisiológico (quer dizer que o Sistema Nervoso participa). Refere-se ao sistema dos processos internos, conscientes e inconscientes, através dos quais toda a experiência é recebida e processada – nossos cinco sentidos: **Visual, Olfativo, Auditivo, Gustativo, Cinestésico (sensação e emoção)**

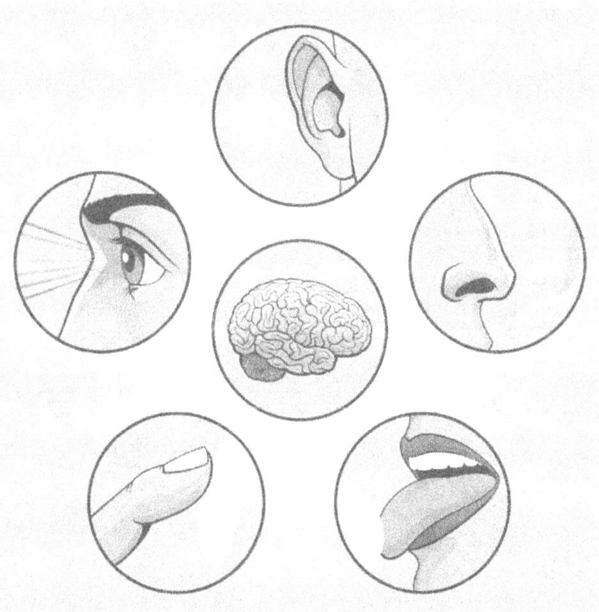

❖ **LINGUÍSTICA:** Linguagem, comunicação. Derivada do latim "língua" = linguagem, indica que este processo neurológico é representado, ordenado e codificado em sequências específicas formando modelos e estratégias através da linguagem. O idioma e outros sistemas de comunicação não-verbais pelos quais nossas representações neurais são codificadas, ordenadas e determinado seu significado. Inclui: Imagens, Sons e Sentimentos dos... sabores, cheiros e palavras (self-talk).

Programação Neurolinguística significa programar o sistema nervoso através da linguagem, da comunicação para se conseguir os resultados que se quer. PNL não é somente um conjunto de técnicas, é, sobretudo, **UMA ATITUDE.** Essa atitude se relaciona com curiosidade, com querer saber sobre as coisas, de querer inteirar-se das coisas, como decidir influenciá-las de maneira que valha a pena...

Em outras palavras, PNL é como usar o idioma da mente para alcançar constantemente nossos resultados específicos e desejados.

❖ CURIOSIDADE PARA VER A VIDA COMO UMA OPORTUNIDADE SEM PRECEDENTES PARA APRENDER.

É o primeiro modelo que detecta e descreve a relação de como processamos as informações externas e internas e seus efeitos nos nossos comportamentos, emoções e relações. PNL é simplesmente mudança orientada para metas objetivas, para resultados, aplicável para qualquer sistema humano: famílias, grupos, empresas, comunidades, países etc., ou simplesmente para um ser humano. PNL é um caminho para a busca da excelência humana.

❖ TAMBÉM PODEMOS DIZER QUE A PNL É:

O estudo da estrutura da experiência subjetiva, na qual se pode descobrir como uma pessoa organiza sua realidade que não é A REALIDADE: **"O MAPA NÃO É O TERRI TÓRIO"**. Como Alfred Korzybski fez notar em seu *Sience & Sanity*, *"As características importantes dos mapas devem ser notadas. Um mapa não é o território que ele apresenta, mas, se estiver correto, tem uma estrutura similar ao território, o que é válido para sua utilização".*

Um modelo sobre como funciona nossa mente, como a linguagem influi nela e como usar este conhecimento para programar e/ou reprogramar a nós mesmos ou sermos facilitadores da mudança que outras pessoas querem fazer. O primeiro modelo detecta e descreve a relação entre como processamos neurologicamente a informação e seus efeitos em nossas emoções, estados e comportamentos. A ênfase está posta na experiência interna e como esta experiência interna afeta também nossa experiência externa e nossa interação com outras pessoas.

E, finalmente, podemos dizer que a PNL é um modelo único da experiência subjetiva. Apesar de seu nome soar a tecnologia, **O CONJUNTO DE PRESSUPOSIÇÕES, INSTRUMENTOS PERCEPTUAIS E TÉCNICAS DA PNL FAZEM OS MODELOS SUBJETIVOS**

EXPLICITAMENTE RECONHECÍVEIS e aplicáveis em qualquer contexto aonde a comunicação tenha lugar.

O QUE É REALMENTE A PNL?

- Uma atitude

- Curiosidade

- Vontade para experimentar

- Uma Metodologia de Modelagem

- Denominalização

- Experimentação ininterrupta

- Um rastro de técnicas

- As técnicas que são ensinadas como PNL

Charton Baggio Scheneider

EM QUE CONTEXTOS SE UTILIZA A PNL?

Hoje a PNL se desenvolveu muito e já está consolidada em praticamente todos os países do primeiro mundo. As técnicas se desenvolvem cada vez mais e se pode aplicar a PNL em várias áreas da experiência humana. Como a PNL é essencialmente uma atitude de busca da excelência humana, seja em que área for, hoje pode-se usar PNL para melhorar o...

- **Desempenho de atletas olímpicos** (como os da equipe olímpica dos EUA),

- **Perícia de atiradores de elite** (exército americano),

- **Produtividade e liderança** (Fiat, Coca-Cola, IBM, Apple, etc.)

- **Vendas** (inúmeras empresas),

- **Educação** (escolas que aplicam a PNL alfabetizam crianças em menos de dois meses),

- **Criatividade,**

- **Longevidade,**

- **Saúde,** etc.

Na **área pessoal**, usa-se a PNL como **instrumento de mudança rápidas e duradouras** que vão desde:

- **Abolir hábitos indesejados (roer unhas, fumar, comer em excesso,** etc.)

- **Fobias, medos, inseguranças,**

- **Ansiedade**

Passando por mudanças mais profundas em situações mais graves:

- **Depressão,**

- **Paranoia,**

- **Personalidade múltipla, neuroses,**

- **Psicoses,**

- **Síndrome do pânico,** etc.

Quanto ao corpo, a PNL tem se revelado poderosa aliada dos médicos no manejo de doenças que "ligam" corpo e mente:

- **Hipertensão arterial,**

- **Diabete,**

- **Câncer,**

- **Doenças imunológicas** – alergias, asma, urticárias, artrites, colagenoses, AIDS,

- **Doenças psicossomáticas**, entre outras.

Os limites não foram sequer tocados.

ÁREAS DE APLICAÇÃO DA PNL

I - COMUNICAÇÃO

Desde que a comunicação é um fenômeno universal, nosso método contribui com eficácia e funciona bem virtualmente em qualquer situação. Sua aplicação abarca o individual, o grupal, os trabalhos de equipe, grandes auditórios, desenvolvimento de programas, reorganizações, assuntos interdepartamentais, planejamento ou crises diversas. Usamos a comunicação como meio para conseguir um amplo espectro de objetivos ou metas na atividade humana com velocidade, certeza e confiabilidade.

II - PSICOTERAPIA

A Programação Neurolinguística é um escalão superior no qual se fez até o momento, no campo da psicoterapia, uma abordagem de alteração da experiência subjetiva e de como fazer para alcançar objetivos desejados.

Averiguar como o paciente consegue provocar o sintoma, e descobrir a necessidade encoberta nos dá a possibilidade de utilizar esta necessidade bem como decidir a favor de novas opções.

III - EDUCAÇÃO

A dinâmica ensino-aprendizagem requer uma comunicação efetiva. A PNL tem estudado a inter-relação entre o processo de comunicação que sucede entre o professor e o aluno, e como esta comunicação influi no processo interno daquele que aprende e vice-versa. As técnicas de aprendizagem dinâmica foram desenvolvidas utilizando métodos da PNL que modelam estratégias de pensamento, não somente de aprendizes eficientes como de professores e treinadores eficazes. Investigações realizadas em distintas áreas do aprendizado mostram que os bons e os maus professores e alunos usam estratégias diferentes para conseguir seus objetivos. A PNL pode colocar estas estratégias em procedimentos que guiam passo a passo o caminho para se alcançar bons resultados. Com as habilidades que a PNL proporciona, os treinadores e mestres poderão avaliar e reconhecer estratégias naturais de seus alunos (sejam crianças, adolescentes ou adultos) e utilizá-las para melhorar a comunicação e o rendimento escolar.

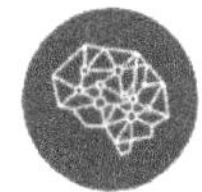

IV - ORGANIZAÇÕES EMPRESARIAIS E INSTITUCIONAIS

As organizações se ocupam de assuntos relacionados com gente, tais como: comunicação interpessoal, produtividade, cooperação intra e interdepartamentais e outros aspectos gerenciais e na área de recursos humanos. A PNL proporciona métodos e tecnologia feitos para lidar com o fator humano e produzir mudanças positivas de comportamento. A gama de aplicações vai desde a resolução de situações críticas em indivíduos, grupos, equipes de trabalho ou grandes audiências, até o desenvolvimento de programas de treinamento para aumentar o rendimento, a produtividade e as vendas, aplicando reestruturações e mudanças organizacionais.

OS QUATRO PILARES DA PNL

A primeira coisa para entender é que PNL é baseada sobre quatro pilares.

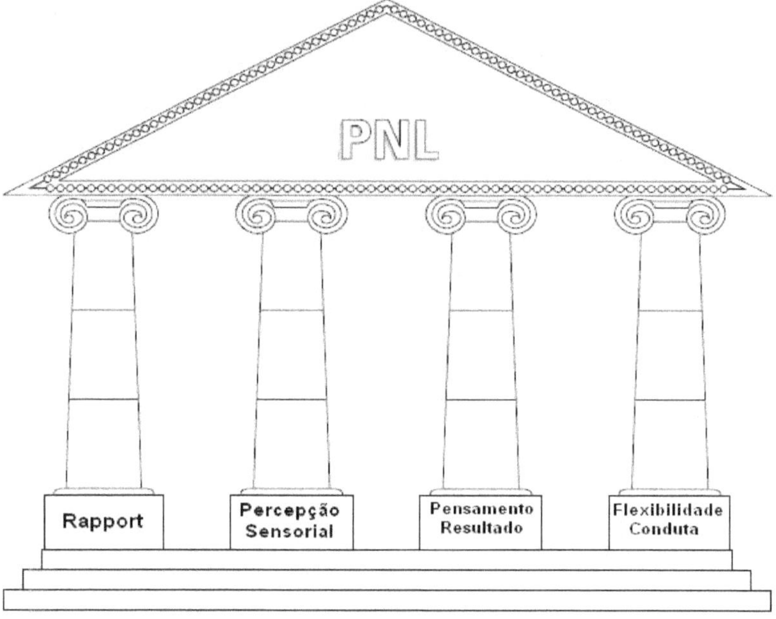

1. **RAPPORT**: Como você constrói uma relação com os outros e com você. Esta é, provavelmente, o presente mais importante que PNL dá à maioria das pessoas. Um grande rapport é capaz de fazer com que você possa dizer 'nada' e ainda assim reter amizades ou relações profissionais.

Nos referimos aqui especificamente àquela qualidade de confiança mútua e sensibilidade no relacionamento conhecida como Rapport.

Independentemente de qualquer coisa que você faz ou qualquer coisa que você queira, ser bem-sucedido irá envolver se relacionar ou influenciar outras pessoas. Assim, o primeiro pilar da PNL é estabelecer rapport com você mesmo e depois com os outros.

2. **PERCEPÇÃO SENSORIAL:** Como o famoso detetive Sherlock Holmes você começa a notar como seu mundo é mais rico quando você presta atenção com todos os sentidos que você tem.

 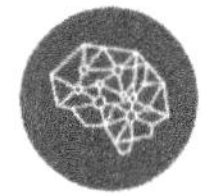

Use os seus sentidos, olhando, ouvindo e sentindo o que está acontecendo na verdade com você. Somente então você irá saber se está no **caminho da sua meta** e pode usar esse feedback para **ajustar o que está fazendo** se for necessário.

3. **PENSAMENTO DE RESULTADO:** Você ouvirá a palavra 'resultado' mencionada muitas vezes ao longo deste curso. O que isto significa é que começará a pensar no que é que você quer em vez de se apegar a um modo negativo de problema. Os princípios de uma aproximação de resultado podem ajudá-lo a tomar as melhores decisões e escolhas.

Saiba o que você quer. A chave para o sucesso é ser **preciso**. Quanto mais preciso você for ao saber o que é que você quer e o porquê, é mais provável que você consiga exatamente aquilo que deseja. E o mais provável é que você **saberá quando você atingiu a sua meta**.

É toda uma maneira de pensar e agir. Pergunte consistentemente a si mesmo e aos outros **o que você e eles querem**.

4. **FLEXIBILIDADE COMPORTAMENTAL:** Isto significa como fazer algo diferente quando o que você está fazendo atualmente não está funcionando. Ser flexível é fundamental a um praticante de PNL.

Tenha muitas **opções de ação**. Quanto mais escolhas você tiver, terá mais **chances de sucesso**.

Se fizermos sempre a mesma coisa, vamos obter sempre o mesmo resultado. Fique mudando o que você faz até obter o que quer.

Charton Baggio Scheneider

PRESSUPOSIÇÕES DA PROGRAMAÇÃO NEUROLINGUÍSTICA

O MAPA NÃO É O TERRITÓRIO

Nós seres humanos não temos realidade, porque nós possuímos nossos limites neurológicos. Nós percebemos o que os nossos sistemas, os nossos aparatos sensoriais permitem que percebamos; e, o nosso cérebro decodifica.

Quando dentro de uma sala, por exemplo, nós não temos a verdadeira sala. Nós temos sim a imagem que a sala provoca na nossa retina (ou estímulo fotoelétrico que ela provoca no nosso glóbulo occipital do campo visual), para que com sinais neurológicos me façam um mapa neuroquímico. Então, nós não temos a sala - nós não temos a sala e sim um mapa neurológico/neuroquímico que foi a partir da sala que estimulou nossos órgãos. Órgãos que são deficientes.

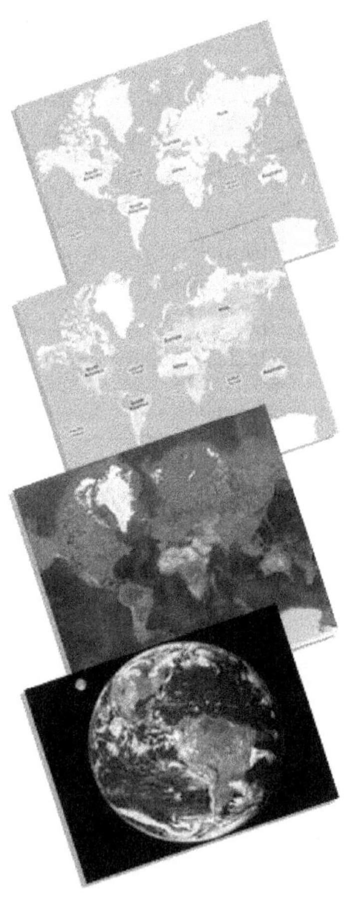

Vemos as coisas de um jeito, um touro as vê de outro, todas as espécies veem de jeitos diferentes. Uma águia veria detalhes que nós não percebemos, e; com certeza ela também está perdendo muito. Ela também tem um órgão neurológico. Nós não ouvimos tudo o que deveríamos ouvir. Nós ouvimos sim, o que o nosso sistema filtrador neurológico permite que entre e fique decodificado na estrutura cerebral. Nós sentimos sensações dentro e fora (internas e externa) de nosso corpo. No entanto, certamente não estamos sentindo todas as sensações que nós poderíamos ou gostaríamos de sentir. Nós sentimos as sensações que nosso corpo limitado permite que sintamos.

Então nós temos assim um mapa neurológico, mas não temos a "realidade". Como nós não temos a realidade, e sim, um mapa da realidade; nós devemos ter essa consciência de que nós vivemos a vida

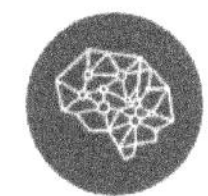

através de mapas e não através de realidade. Essa crença nos permite mudar os mapas. Podemos expandir os mapas, podemos encurtá-los, ou ainda; podemos transformá-los. Podemos inventar um novo mapa, podemos ter três mapas, podemos fazer o que quisermos quando se trata de mapas.

O que nos limita é o modo como que nós interpretamos a realidade. São os mapas que causam as reações e não a realidade. Para que nós possamos perceber melhor os mapas que as pessoas usam, nós contamos com uma ferramenta muito valiosa.

As pessoas respondem às suas próprias percepções da realidade. Toda pessoa tem o seu próprio mapa de mundo. Nenhum mapa individual de mundo é mais "real" ou "verdadeiro" que qualquer outro.

O significado de uma comunicação com outra pessoa é a resposta que se obtém daquela pessoa, independente da intenção do comunicador.

Os mapas "mais sábios" e mais "compassivos" são aqueles que permitem mais riqueza e maior número de escolhas, em vez de ser o mais "real" ou "preciso".

As pessoas já têm (ou potencialmente têm) todos os recursos de que precisam para agir efetivamente.

As pessoas fazem as melhores escolhas disponíveis a elas dentro das possibilidades e das capacidades que percebem como disponíveis em seu modelo de mundo. Qualquer comportamento, não importa quão mau, louco ou estranho possa parecer, é a melhor escolha disponível para a pessoa naquele momento - se for oferecida uma escolha mais apropriada (dentro do contexto de seu modelo do mundo) a pessoa provavelmente a tomará.

A mudança ocorre quando se lança o recurso apropriado, ou se ativa o recurso em potencial, em um determinado contexto particular, que enriqueça o mapa de mundo de uma pessoa.

Nós seres humanos não temos contato direto com a realidade, temos sim através da representação mental da realidade. Incorporamos, processamos e emitimos informações acerca de nós mesmos e do mundo através de uma **CODIFICAÇÃO SENSORIAL (VAKO/G)**. A esta linguagem sensorial chamamos **SISTEMAS REPRESENTACIONAIS**.

Então também dizemos:

1. Não há substituto melhor do que canais abertos e limpos.
2. Todas aquelas distinções que os seres humanos são capazes de fazer com respeito ao meio (interno e externo) e às nossas condutas, podem ser vantajosamente representadas através de imagens visuais, percepções auditivas, cinestésicas, gustativas e olfatórias.

3. Qualquer habilidade, destreza ou talento humano pode ser reconhecido em sua estrutura. Esta estrutura tem uma SEQUÊNCIA ESPECÍFICA de representações sensoriais que nós chamamos ESTRATÉGIAS. A ordem desta sequência determina o resultado como a ordem das palavras numa frase determina seu sentido.

4. A linguagem verbal é uma experiência comparada à não-verbal, reveladora da representação sensorial referente.

CORPO E "MENTE" SÃO PROCESSOS SISTÊMICOS

Mente e Corpo são partes de um mesmo sistema - incluem-se mutuamente. Estamos entrando numa era que vive cada vez mais neste paradigma da Física Quântica-Relativística. Ela é uma teoria sistêmica de explicação da experiência subjetiva. Ela se insere dentro do paradigma Quântico-Relativístico.

A separação mente e corpo é uma separação feita pelo modelo cartesiano. Renné Descartes, no século XVII foi quem fez esta separação. O método científico explica o corpo e não a mente. No entanto, este método vem durando já a muito tempo; nós estamos hoje no século XX, batendo na porta do século XXI e ainda a medicina atual funciona pelo método cartesiano. Nós ainda separamos a mente do corpo, ainda existem médicos que tratam do corpo e outros que tratam da mente como se as coisas fossem separadas.

Os processos que ocorrem internamente em cada pessoa, e entre as pessoas e os seus ambientes, **são sistêmicos.** Nossos corpos, nossas sociedades e nosso universo formam sistemas e subsistemas integrados interagindo e mutuamente influenciando-se uns aos outros.

Não é possível isolar completamente uma parte de um sistema do restante. **As pessoas não podem não influenciar umas às outras.** Interações entre pessoas formam um *loop* de *feedback* - de tal forma que uma pessoa será afetada pelo resto que as suas ações têm sobre outras pessoas. Sistemas são "auto organizadores" e naturalmente buscam estados de equilíbrio e estabilidade. **Não há fracassos, só *feedbacks*.**

Nenhuma reação, experiência ou comportamento é significativo fora do contexto no qual foi estabelecido ou da reação que provoca. Qualquer comportamento, experiência ou reação pode servir como um recurso ou limitação, dependendo de como isso se encaixa com o restante do sistema.

Nem todas as interações em um sistema estão no mesmo nível. **O que é positivo em um nível pode ser negativo em outro.** É útil separar comportamento do "eu" - separar a intenção positiva, função, crença etc. que gera o comportamento do próprio comportamento.

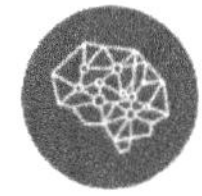

Em um nível (ou em algum momento) **todo comportamento é positivamente intencionado**. É ou foi percebido como apropriado dentro do contexto no qual foi estabelecido, do ponto de vista da pessoa a quem o comportamento pertence. É mais fácil e mais produtivo responder à intenção do que à expressão de um comportamento problemático.

Ambientes e contextos mudam. **A mesma ação não produzirá sempre o mesmo resultado.** Para se adaptar com sucesso e sobreviver, um membro de um sistema necessita ter certa flexibilidade. Essa flexibilidade deve ser proporcional à variação no restante do sistema. **À medida que um sistema fica mais complexo, mais complexidade, mais flexibilidade é requerida.**

Se o que você está fazendo não está dando resultado, você deve então continuar variando seu comportamento até que alcance o resultado desejado.

A MENTE E CORPO SÃO PARTE DO MESMO SISTEMA E INFLUEM-SE MUTUAMENTE

Os seres humanos refletem sua representação interna não somente através de palavras, mas também através de **SINAIS MÍNIMOS** expressados pela linguagem gestual e tonal.

TODA A CONDUTA TEM UM PROPÓSITO ADAPTATIVO POSITIVO CUJA INTENÇÃO É MANTER O EQUILÍBRIO DO SISTEMA

Cada pessoa dá sempre a melhor resposta que pode ante cada situação. Simplificando, as nossas partes interiores possuem uma intenção positiva. Todas as nossas partes interiores, estão neste momento tentando fazer o melhor possível para nós. O tempo todo.

TODA A PESSOA TEM OS RECURSOS QUE NECESSITA PARA CONSEGUIR AS MUDANÇAS QUE ELA DESEJA

Deve-se dinamizar o processo aqui e agora e recuperar estruturas experienciais de referência. As pessoas que estão tendo problemas, já possuem dentro delas a solução e não sabem; ou então, não sabem como acessar a solução. Todas as pessoas têm dentro de si partes que tem boas intenções. Elas possuem todos os recursos de que necessitam para conseguir o que elas queiram.

O VALOR POSITIVO DE CADA UM COMO PESSOA SE MANTÉM CONSTANTE, APESAR

DE PODER-SE QUESTIONAR O VALOR DAS CONDUTAS INTERNAS OU EXTERNAS

Você não vale pelo que faz, você vale pelo que você é. Nós não devemos valorizar o comportamento; e sim, valorizar a "intenção". O comportamento é simplesmente uma manifestação passível de calibrar.

"O SIGNIFICADO DE SUA COMUNICAÇÃO É O RESULTADO QUE VOCÊ OBTÉM."

A resistência é a explicação da inflexibilidade do comunicador.

NÃO EXISTE RESISTÊNCIA, EXISTE COMUNICADOR INCOMPETENTE.

A responsabilidade é de quem quer mudar! É a pessoa quem diz o que ela quer mudar, quando ela quer mudar, e quanto ela quer mudar.

Nós não fazemos mudança, e sim; criamos um vácuo psicológico que puxa a pessoa/sistema para dentro da mudança. É criado um clima, um ato psicológico e as pessoas simplesmente são atraídas para dentro. Elas se sentem atraídas. Quem quiser entrar entra, quem não quiser não entra.

AS CONDUTAS BÁSICAS DE UM BOM COMUNICADOR SÃO:

1. Clara representação da meta.

2. Agudeza perceptual.

3. Flexibilidade de conduta.

Para tanto, consideramos que:

a. O significado da comunicação é dado pela resposta que esta provoca, independente da intenção do comunicador.
b. A resistência é a explicação da inflexibilidade do comunicador.

CONVICÇÕES VANTAJOSAS DA *PNL*

As pressuposições da PNL (ou convicções de essência) são as diretrizes mais importantes para aprender e fazer PNL, e para se ser próspero na vida. A palavra pressuposição significa algo que você pode não poder provar, mas que você fundamenta seu comportamento.

1. O "mapa" não é o "território".
2. As pessoas respondem de acordo com os seus mapas internos.
3. O significado opera no contexto-dependência.
4. Mente-e-corpo afetam-se um ao outro. Mente-e-corpo são um só sistema.
5. Habilidades individuais funcionam por desenvolvimento e sequenciamento dos sistemas representacionais.
6. Nós respeitamos o modelo do mundo de cada pessoa.
7. A pessoa e o comportamento descrevem fenômenos diferentes.
8. Todo comportamento tem utilidade e é útil em algum contexto.
9. Nós avaliamos a mudança de comportamento em termos de contexto e ecologia.
10. Nós não podemos não nos comunicar.
11. O modo como nós comunicamos nossa percepção afeta a recepção.
12. O significado de sua comunicação é a resposta que você obtém.
13. O que fixa a armação da comunicação controla a ação.
14. Não há fracasso/erro, só resultado.
15. A pessoa com a maior flexibilidade exercita a maior influência no sistema.
16. Resistência indica falta de concordância/rapport.
17. As pessoas têm todos os recursos internos que elas precisam para ter sucesso.
18. O ser humano tem a habilidade para experimentar a aprendizagem num instante.
19. Toda a comunicação deveria aumentar as escolhas.
20. As pessoas fazem as melhores escolhas possíveis quando elas agem.
21. Como pessoas responsáveis, nós podemos acessar nosso próprio cérebro e podemos controlar nossos resultados.
22. Noventa e três por cento da comunicação é não-verbal.
23. A experiência tem uma estrutura.
24. Qualquer pessoa pode fazer qualquer coisa.
25. As pessoas têm todos os recursos de que necessitam.
26. Se fizer o que sempre fez conseguirá o que sempre conseguiu.
27. Nossas partes interiores sempre têm intenções positivas.
28. Podemos confiar no inconsciente.
29. A natureza do universo é mudança.

AS ATITUDES DO PROGRAMADOR

Um programador neurolinguístico necessita ter as seguintes atitudes de maneira constante, como parte de sua própria identidade para poder levar seu trabalho a contento e fazer a "magia" acontecer. São elas:

Curiosidade	Humor
Atenção	Iluminação
Confiança	Reverência
Competência	Responsabilidade
Compaixão	Flexibilidade
Amor Incondicional	Integralidade
Intencionalidade	Impecabilidade

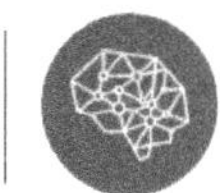

O MODELO DE AÇÃO

Quando você olha o Modelo de Ação da PNL 2.0 acima podemos perceber que toda a dinâmica do trabalho que deve ser realizada, onde a base está na **Identidade** do nosso cliente e está sustenta os quatro pilares da Programação Neurolinguística (veja o capítulo sobre este tema), que são: 1) **Rapport**, 2) **Percepção Sensorial**, 3) **Pensamento de Resultado**, e 4) **Flexibilidade de Conduta**.

Como programadores 2.0 devemos estruturar em nosso cliente esta base de sustentação dando-lhe/fazendo-o perceber a sua identidade e capacitá-lo em estar/obter rapport, para isso ele necessita de ampliar sua capacidade de percepção sensorial, mudar a estrutura de pensamento tirando-o de uma estrutura de pensamentos limitantes para uma estrutura de pensamentos com foco nos resultados (aqui é importante o conhecimento e prática dos Padrões de Linguagem – veja o capítulo sobre este tema), e não menos importante, ensiná-lo a ter flexibilidade de conduta.

Assim, começamos por descobrir qual é o **Estado Atual (EA)** que ele apresenta, ou seja, quais são suas limitações, seus problemas, que o levaram a necessitar de uma intervenção para que ele possa conseguir se livrar desta. Bem como, qual é o seu **Estado Desejado** (ED), ou seja, o que ele almeja ter/obter, qual o resultado que ele está buscando.

Como programadores neurolinguístas 2.0, o que nós focamos é na estrutura de resultado (ED) e não na estrutura limitante (EA), porém não focar não é o mesmo que não se necessitar saber quais são os padrões limitantes que a pessoa/casal/família/organização/equipe possui.

Aqui (na estruturação do EA e do ED) nós devemos fazer um levantamento completo de ambas as posições: atual (limitante) e desejada (com/de recursos). Então, nós começamos por levantar qualquer **informação importante sobre nosso cliente, tais como:** Nome, Idade, Estado Civil, Nº de Filhos, Médico que encaminhou (se houver), Profissão, Religião, Nº Irmãos/Irmãs, Informação relevantes sobre família, infância, adolescência, casamento, relações, sexualidade, se tem Problemas com álcool/drogas, em caso afirmativo qual? a quanto tempo? por quê?, se ele Fuma, e qualquer outra informação que você julgar necessária saber antes de começar o trabalho propriamente dito. Este background prévio lhe servirá de referencial para muitas das intervenções que posteriormente serão executadas para leva-lo a atingir seus resultados.

Bem com o background levantado podemos então partir para a questão propriamente dita do porque ele (nosso cliente) está diante de nós, assim vamos buscar saber qual é o **ESTADO DESEJADO**, que é experiência neurológica e fisiológica global de uma pessoa que se sente cheia de recursos. Em outras palavras, o que ele quer? Para definir o Estado Desejado dele:

a. Faça perguntas sobre o estado desejado, assegurando-se de obter todas as informações relevantes.

b. Qual a fisiologia que ele apresenta enquanto se coloca no Estado Desejado (futuro).

c. Quais estratégias ele apresenta, e quais estratégias ele necessita.

d. Quais recursos ele tem e de quais ele necessitará?

e. Assegure-se de fazer uma checagem ecológica.

f. Encontre as Condições de Boa Forma.

g. Assegure-se de conhecer as submodalidades do ED.

h. Assegure-se de ter acesso aos 4-tuples do ED.

i. Que crenças ela demonstra no ED, e quais crenças precisam ser criadas para dar sustentabilidade ao resultado.

 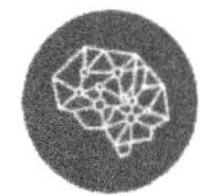

Agora com o Estado Desejado levantado, poderemos focar no **ESTADO ATUAL** de nosso cliente, que em essência este é o ponto em questão. O espaço do problema é definido por elementos físicos e não físicos que criam um problema ou contribuem para isso. As soluções surgem de um "espaço de soluções", rico em recursos e alternativas. Um espaço de soluções precisa ser mais amplo que o espaço do problema, para que possa produzir uma solução adequada. Para definirmos o EA de nosso cliente descubra:

a. Como o EA se manifesta nesta pessoa.

b. Qual a fisiologia ele apresenta enquanto descreve seu problema (passado-presente).

c. Submodalidades do EA.

d. 4-tuples do EA.

e. Disparadores do EA.

f. Quais crenças estão envolvidas.

Assim, tendo levantado tento o Estado Atual como o Estado Desejado da pessoa, poderemos **definir as técnicas para mudança** as quais vamos aplicar, assim necessitamos:

a. Preparação prévia para aplicar a(s) técnica(s) escolhida(s).

b. Que habilidade vai usar para fazer o cliente se sentir confortável.

Procure ter clareza da(s) técnica(s) que vai usar e razão fundamental de sua escolha, pergunte-se, que evidências encontrou que avalizará sua escolha de intervenção?

Então, tendo concluído com os processos de mudança, agora você está pronto para fazer com que a pessoa faça o **Passeio ao Futuro**, que é o ensaio mental de um objetivo para assegurar que o comportamento desejado irá ocorrer. Para isso:

a. Saiba as etapas do procedimento que você usará.

b. Como usará o disparador para a mudança.

A "Ponte ao futuro" é um termo da PNL para o processo de ensaio mental feito por nós mesmos frente a alguma situação futura, a fim de ajudar a garantir que os comportamentos e respostas desejadas irão ocorrer de forma natural e automática nos contextos apropriados.

Desenvolvido pelos fundadores da PNL, Richard Bandler e John Grinder, o objetivo da ponte ao futuro é garantir que as novas habilidades e as mudanças comportamentais persistam fora do contexto em que foram inicialmente estabelecidas. Muitas vezes, as mudanças feitas em um contexto ficam confinadas ao ambiente em que foram aprendidas, em vez de estarem disponíveis nas situações em que são mais necessárias. Sem uma ponte ao futuro adequada, as conquistas de um curso de treinamento, uma sessão de coaching ou um encontro terapêutico seriam, muitas vezes, perdidas. A ponte ao futuro é sempre o último passo em qualquer processo de mudança de PNL.

O método principal da ponte ao futuro é associar um novo comportamento ou resposta a pistas externas que ocorrem naturalmente numa situação futura em que a mudança de comportamento for desejada. Por exemplo, pode-se considerar: "Qual é a primeira coisa que você vai ver, ouvir ou sentir externamente nessa situação que irá lembrá-lo dos seus novos aprendizados ou habilidades?" Quando um item específico é identificado, o indivíduo pode mentalmente concentrar a atenção sobre esse item através da memória ou da imaginação, associando-o ao novo comportamento ou resposta, realizando um ensaio mental. Quando o indivíduo se deparar com a pista ambiental mais tarde, ela irá servir como âncora ou gatilho natural e inconsciente para a reação ou o comportamento desejado.

Por exemplo, a pessoa pode utilizar a ponte ao futuro para obter um estado de confiança e atenção quando tiver uma reunião difícil ligando as sensações e a postura corporal associadas à confiança com a maçaneta da porta de entrada da sala de reuniões, o tamanho e a forma da mesa da sala de reuniões e os rostos e o tom de voz das pessoas presentes à reunião.

Agora estamos prontos para ver a ecologia do sistema. A ecologia para a PNL é sinônimo de harmonia e de equilíbrio, benéfica e útil para a própria pessoa e para o ambiente em que atua, é o que hoje é chamado de Ecologia Humana.

Quando se aplicam as técnicas de PNL se dever ter presente as repercussões das mudanças possíveis que elas produzirão.

A criação da ecologia humana como ciência é atribuída ao Dr. Juan J. Tapia. Com base numa grande quantidade de dados próprios e retirados de outras teorias como Aprendizagem Acelerada, PNL, Física Quântica, Análise Transacional, Psicologia Analítica de Jung entre várias outras.

Para a ecologia humana é fundamental que o homem possa sobreviver com ética e dignidade.

Sendo assim essa ciência desenvolveu teorias e conhecimento com o objetivo de propiciar uma melhor convivência e condições de vida para os indivíduos objetivando que eles possam viver melhor em sociedade.

O grande objetivo da ciência é encontrar uma forma para que os seres humanos possam viver com mais autonomia aproveitando o máximo do seu potencial e tudo o que o ambiente lhes fornece. É necessário que o homem aprenda a como satisfazer as suas necessidades inatas de autoproteção, autorrealização harmonização e auto abastecimento.

 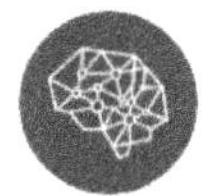

A incorporação de novos conhecimentos, aprendizagens, estratégias, supõem, em geral, uma mudança e toda mudança gera resistência. Por isso sempre devemos checar se a mudança proposta é ecológica.

Aqui necessitamos saber que existem quatro Classes de Experiência Humana. Nós sempre achamos um modo para encontrar nossas necessidades. A pergunta é "A que nível de realização? E você fará isto de certo modo que sirva a si, aos outros e a um bem maior a longo tempo?"

Vamos conhecer estas quatro classes:

CLASSE I

1. **Tem uma boa sensação**
2. **É bom para você**
3. **É bom para os outros**
4. **Trabalha por um bem maior**

CLASSE II

1. Não se sente bem, mas...
2. **É bom para você**
3. **É bom para os outros**
4. **Trabalha por um bem maior**

Classe III

1. **Tem-se uma boa sensação**, mas...
2. Não é bom para você
3. Não é bom para os outros
4. Não trabalha por um bem maior

CLASSE IV

1. Não se sente bem
2. Não é bom para você
3. Não é bom para os outros
4. Não trabalha por um bem maior

Nossa meta é transformar as experiências de Classe III e IV (i.e., não se sentir bem, não é bom para você, não é bom para outros e não serve para um bem maior) em experiências de Classe I e II (i.e., sentir-se bem, é bom para você, é bom para outros e serve a um bem maior). Então, ao fazer a verificação ecológica pergunte:

1. Isso tem uma boa sensação para você?
2. Isso é bom para você?
3. Isso é bom para os outros?
4. Isso trabalha/cumpre por/com um bem maior?

Caso a resposta seja "Sim" para todas as quatro perguntas, você está diante de um Veículo de Classe I, o que é extraordinário, seu trabalho foi bem estruturado e bem conduzido. Caso haja respostas "Não" volte a estruturar as mudanças para que possa chegar a uma experiência de Classe I ou II.

Assim quando fizer a Ponte ao Futuro e o Teste de Ecologia, certifique-se de:

1. **O associar completamente** ao contexto no qual a limitação normalmente emergiria.
2. **Acionar as âncoras e teste a efetividade do novo padrão** neste ambiente.
3. **Testar para estar certo que este novo padrão cumprirá a intenção do velho padrão** com a mesma ou maior intensidade de realização emocional que o velho padrão.

Bem, agora você pode estabelecer os próximos passos, o **Seguimento** que você dará para levar seu cliente a ter o que ele deseja. Estruture o que você fará no seguimento e certifique-se de saber se seu cliente obteve o resultado que esperava.

Não mencionei aqui as interferências do sistema pois tratarei delas no próximo capítulo.

Antes, vamos ver um exemplo de um caso onde poderá ver todos estes passos:

Descrição do Cliente

O cliente é um homem adulto, com 32 anos de idade, um músico, filho de um músico profissional. O pai do cliente desistiu de ser músico e tornou-se operário metalúrgico. O cliente cresceu ouvindo música, incluindo a prática de seu pai em casa.

Ele frequentou uma escola católica. Testes de audição demonstraram que ele possui uma acuidade acústica acima do normal. Ele começou um curso formal para prática de um instrumento, ao final dos seus 16 anos e continuou com lições de música particulares, intermitentemente, desde aquele tempo.

ESTADO DESEJADO

O cliente queria melhorar suas habilidades musicais e tornar-se capaz de trabalhar numa situação de performance onde a qualidade do desempenho era importante e num nível elevado. Para obter este estado desejado, ele queria ser capaz de aprender a ler a música enquanto tocava só ou em grupo.

ESTADO ATUAL

No estado atual do cliente ele desejava se apresentar em qualquer grupo musical comercial que ele encontrasse. A maioria destes grupos tocava a partir de pautas

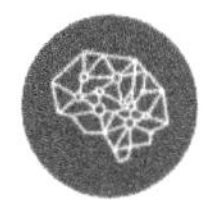

ou de ouvido e ele se sentia capaz de ouvir a música e acompanhar o que lhe parecia correto.

Desde que ele frequentemente se estressava pela péssima performance de alguns destes grupos, e por um retorno financeiro, ele trabalhava eventualmente como carpinteiro ou pintor, usualmente de forma autônoma. Ele frequentemente diz que *"... você não pode fazer dinheiro como músico."* Ele consequentemente esperava fazer muito pouco dinheiro e trabalhava apenas o necessário para conseguir isso. Ele estava interessado em aprender a tocar sua música enquanto estivesse em transe hipnótico. Entretanto, ele rejeitou, como *"impossível de trabalhar"*, quaisquer procedimentos que envolvessem visualizações internas, dizendo que estas lhe recordavam rezas católicas.

PREPARAÇÃO PARA O TRABALHO DE MUDANÇA

Conversando, ficou aparente que foi o pai do cliente quem disse: *"Você não pode fazer dinheiro com música."* De fato, ele dizia isso, quase sempre que via o filho, que o visitava regularmente. Meu trabalho inicial foi de ressignificar este depoimento internalizado. Eu identifiquei o depoimento como sendo do pai sobre ele mesmo. Eu então mostrei muitos exemplos de músicos que fizeram fortunas, e músicos que tocam muito bem e estão satisfeitos com o que fazem enquanto ganham dinheiro fazendo alguma outra coisa.

Desde que este cliente trocava de emprego frequentemente, era fácil para ele, até este ponto, fazer uma mudança. Ele decidiu retornar à escola de música e estava se dispondo a conseguir empréstimos e bolsas para chegar ao seu intento.

Como estudante de música, o cliente veio para ajuda porque seu treinamento musical não estava comparável aos seus colegas de classe. Enquanto seu treino musical era muito mais desenvolvido do que os demais alunos, ele era péssimo em ler pautas e ele queria melhorar esta habilidade rapidamente. De outra forma, ele era considerado um bom aluno.

TÉCNICA 1

Extrair e instalar estratégia. Eu fui com o cliente visitar três músicos a quem o cliente identificou como capazes de tanto fazer música de improviso como ler as pautas musicais.

O cliente entrevistou a cada um sobre seu treino, e eu extrai as estratégias de cada um para fazer improvisação. Esta tarefa foi feita para identificar para o cliente os padrões particulares usados por músicos experientes e capazes, que coincidentemente faziam dinheiro tocando música, assim que ele poderia aplicar estes padrões na formação de seu sistema. Eu, particularmente, enfatizei o componente visual em cada um destes três modelos de estratégias. Eu disse ao cliente, em detalhes, sobre como a PNL usa estratégias para corrigir dificuldades de silabação e/ou leitura e/ou de matemática, simplesmente enfatizando o elemento visual e a importância de identificar símbolos visuais rapidamente. O cliente então, por si mesmo, desenvolveu um método para praticar piano o qual fizesse com que sua velocidade de performance fosse acelerada à medida que lesse as pautas.

TÉCNICA 2

Mudando a História. O cliente disse que acreditava que os músicos que pudessem ouvir bem e pudessem improvisar, tocavam com mais sentimento. E mais, testando como que ele lembrava coisas, eu descobri que ele acreditava que ele recordava coisas se pudesse lembrá-las auditivamente (A^R), ele sabia que algo funcionava se ele pudesse fazer ele próprio (Ke). Quando ele disse que ele não poderia lembrar algo, procurava sempre imagens recordadas (V^R). Eu ancorei os recursos desenvolvidos pelo cliente em desenvolver e utilizar estratégias para aprender a ler. Levei o cliente para trás no tempo, indo para tempos muito remotos quando ele aprendeu que deveria acreditar somente no que ouvia ou no que experimentava por si mesmo. Ele foi capaz de ir a um tempo em que começou a usar óculos. Descobri que necessitava de óculos por muitos anos antes que sua deficiência fosse apropriadamente descoberta. Ele foi capaz de usar seus recursos presentes para mudar aquela experiência em uma que agora dá a ele a capacidade de utilizar o que ele vê diretamente.

SEGUIMENTO

O cliente estudou piano na escola de música e iniciou um negócio. Essa profissão lhe possibilitou o tempo e a flexibilidade para conseguir seus interesses musicais e fazer um bom retorno financeiro. Ele está presentemente praticando muitas horas por dia, aprendendo um novo instrumento, o piano, pela leitura de pautas. Ele não toca mais com grupos se ele não está satisfeito com a qualidade. Ele não está preocupado se ele fará dinheiro como um músico, e ele é capaz de dar sua atenção para desenvolver suas próprias músicas e sua perícia, o que acaba lhe trazendo um bom dinheiro.

O MODELO DAS SETE C'S

O Modelo das Sete C's é um modelo de resolução de problemas desenvolvido por Robert Dilts em 1984 para ajudar as pessoas a navegar melhor seus caminhos até os estados desejados. O Modelo das Sete C's foi formulado por Dilts como uma extensão do modelo de coleta de informações do 'estado atual para o estado desejado' na PNL, a fim de fornecer um conjunto de diretrizes para identificar tipos de interferências para atingir os objetivos.

De acordo com a PNL, o processo básico de mudança envolve:

(1) descobrir qual é o estado atual da pessoa e
(2) adicionar os recursos necessários para levar essa pessoa ao
(3) estado desejado.

Estado Atual + Recurso Apropriado = Meta Desejada

No entanto, à medida que alguém tenta se mover ao longo do caminho até o estado desejado, há várias interferências que podem surgir para impedir o progresso. É de importância crítica identificar e abordar essas interferências para apoiar o progresso da cura. Uma vez identificadas, as interferências podem ser abordadas por vários recursos potenciais. Na PNL esses recursos são classificados sob o modelo das Sete C's.

Os 3 recursos básicos são Crenças, Estratégia e Fisiologia.

Quando você adiciona recursos para obter seus objetivos, com um quadro de ecologia e lidando com todas as 7 classes de interferência, coisas surpreendentes são possíveis.

Este pacote convida você a se aprofundar profundamente, integrar, perceber e operar no mundo a partir e com este incrível modelo de PNL. Você pode instalar profundamente o seu domínio deste modelo a um nível que você não precisa mais pensar sobre isso - simplesmente acontece.

Vejamos:

1. **CRENÇAS** – **Generalizações sobre nós e o mundo.**

   a. O que é possível? Quais são os limites?

   b. O que significa? O que é importante/necessário?

   c. Qual a causa? O que o causa?

   d. Quem a causa? O que o causa?

2. **FISIOLOGIA** – Propriedades físicas necessárias para se conseguir alcançar o objetivo (Estado Desejado).

   a. Sequência específica de conduta para alcançar o objetivo.

   b. Sinais de acesso (ex.: movimentos oculares, postura, respiração, etc...)

   c. Estado físico (função imunológica, nutrição, força, etc...)

3. **ESTRATÉGIA** – Mapa mental ou programa cerebral que organiza e guia as nossas respostas e condutas físicas (corporais).

   A. SISTEMA SENSORIAL (VAKO/G).

   b. SUBMODALIDADES: Qualidade da representação sensorial (ex.: intensidade, velocidade, localização, etc...)

   c. Sequência específica dos passos do plano.

4. **OUTROS RECURSOS** – Habilidades técnicas apropriadas e necessárias para superar as interferências.

5. **INTERFERÊNCIA** – Fatores que podem obstruir o caminho para o objetivo desejado: OS SETE "C"

   a. **CONFUSÃO:** Falta de clareza sobre os objetivos, passos, etc.

      RECURSOS: Habilidades para obter informações (Metamodelo).

   b. **CONTEÚDO:** Guardar material, *imputs*, etc... impróprios, inadequados, inúteis ("Lixo Entra, Lixo Sai").

      RECURSOS: Acuidade Sensorial e filtros de relevância.

   c. **CATÁSTROFES:** Traumas passados e impressões negativas da própria história pessoal.

      RECURSOS: Ancoragem, Dissociação, Re-imprinting.

   d. **COMPARAÇÃO:** Expectativas e critérios inapropriados.

      RECURSOS: Modelagem e Perícia em "Chunking" (Gerador de Novos Comportamentos).

   e. **CONFLITO:** Incongruência, ganho secundário, agendas ocultas, etc...

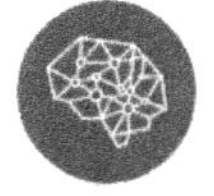

RECURSOS: Ressignificação, Rapport e habilidades de negociação.

f. **CONTEXTO:** Impedimentos externos.

RECURSOS: Acuidade Sensorial e flexibilidade de conduta.

g. **CONVICÇÃO:** Dúvidas sobre a possibilidade de alcançar o objetivo.

RECURSOS: Passeio ao futuro, estratégias de crenças, padrão de movimento.

6. **ECOLOGIA – Fatores do sistema ambiente que necessitam ser considerados ou preservados no objetivo desejado.**

Agora você já pode usar o modelo abaixo como ferramenta:

SUA IDENTIDADE (Quem eu sou?)

MINHAS CRENÇAS
Porque faço o que faço? Em que eu acredito?

RAPPORT
Interno (comigo mesmo) Externo (com o cliente)

PERCEPÇÃO SENSORIAL
Canais Sensoriais Limpos Para Perceber o Meu Cliente

PENSAMENTO DE RESULTADO
Focar no positivo!

FLEXIBILIDADE DE CONDUTA
Estar Aberto a Novas Escolhas!

ECOLOGIA PESSOAL
Manter a Congruência!

ESTADO ATUAL (Definir o que meu cliente tem. Qual é o problema?)

CRENÇAS DO CLIENTE
Em que ele crê? O que lhe é possível/impossível?

FISIOLOGIA
Estruture a fisiologia externa e interna

INTERFERÊNCIAS
O que esta interferindo de ter o ED? Quais são os sabotadores? Agendas Ocultas?

RECURSOS
Que recursos são necessários?

ESTRATÉGIAS
Quais são as capacidades necessárias?

ECOLOGIA (Buscar o SIM as perguntas):
Tem uma boa sensação? É bom para você? É bom para os outros? Trabalha por um bem maior?

ESTADO DESEJADO (Definir o que meu cliente quer. Qual é o Resultado?)

PASSEIO AO FUTURO

Leve a pessoa a experimentar seus resultados daqui a sete dias? Trinta dias. Seis meses, e um ano. Cheque a congruência.

© Copyright 2016 – Charton Baggio. Todos os direitos reservados. www.chartonbaggio.com

O Mapa da Estrutura da Experiência Subjetiva

Segundo Richard Bandler a PNL é o *"estudo da estrutura da experiência subjetiva do ser humano e o que pode ser feito com ela."*

Este conceito é baseado na pressuposição de que todo comportamento tem uma estrutura e que esta pode ser descoberta, modelada e mudada (reprogramada).

Um comunicador exitoso utilizar-se-á desta estrutura tendo uma ideia clara da meta, acuidade sensorial e flexibilidade de conduta que o levarão pela passagem de todo o processo de mudança de forma exitosa: rapport – intervenção – recursos – intervenção – passeio ao futuro e passeio ao passado.

O rapport é a porta de entrada e ponto de ligação entre o practitioner 2.0 e o seu cliente (seja um indivíduo, casal, família, empresa ou time/equipe). Como intervenção inicial se fará o levantamento do Estado Atual e do Estado Desejado (positivo), se fará calibragem se utilizará o processo ROLE-BAGLE e o Metamodelo de Linguagem.

Então com o levantamento feito começaremos a dar recursos ao sistema (cliente) tais como: fazê-lo re-rexperienciar eventos passados, lidando com os modelos, a estrutura "como se", ancoragem e tantas outras quanto nos forem necessárias.

Assim, se checará novamente como estamos no processo de leva-lo do EA ao Ed intervindo novamente e se concluirmos que está ok, o levamos a realizar um passeio ao futuro e também podemos leva-lo a um passeio ao passado, para que ele agora possa vivenciar eventos antes limitantes com uma nova percepção e assim fazer uma mudança de representação dos mesmos.

Veja o esquema abaixo:

ESTADO ATUAL
ESTADO DESEJADO (+)
CALIBRAGEM
ROLE-BAGLE
METAMODELO
INTERVENÇÃO
RAPPORT
Ligar
RECURSOS
RE-EXPERIÊNCIAS PASSADAS
MODELOS
COMO SE...
ANCORAGEM
IDÉIA CLARA
DA META
COMUNICADOR
INTERVENÇÃO
ACUIDADE
SENSORIAL
EXITOSO
FLEXIBILIDADE
COMPORTAMENTAL
PASSEIO AO FUTURO &
PASSEIO AO PASSADO

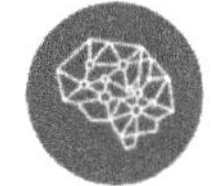

INPUT E OUTPUT – A ESTRUTURA DE PERCEPÇÃO

Em termos comuns, o modelo de comunicação da PNL é sobre como você compreende o seu mundo e os comportamentos que você manifesta como resultado. Assim, vamos entender como você compreende o seu mundo (isto é, como filtra a informação pela deleção, distorção e generalização). Depois como une as suas representações internas – um produto dos seus filtros – com o seu comportamento.

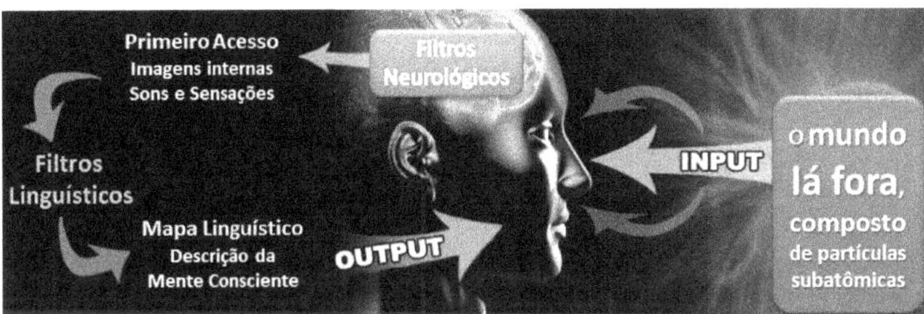

PERCEPÇÃO CONSCIENTE

Estima-se que o seu cérebro receba cerca de quatro bilhões de impulsos nervosos a cada segundo. Dos quatro bilhões de bits de informação, você está conscientemente percebendo cerca de 2.000 bits, ou cerca de 0,00005 por cento de toda a informação potencial. Absorver e processar mais dessa informação iria levá-lo a loucura ou seria uma distração tão grande que você não conseguiria funcionar.

FILTROS

Você já não foi ao cinema com um amigo, sentaram um ao lado do outro, viram exatamente o mesmo filme e um achou que foi o melhor filme que já viu e o outro achou o filme horrível? Como isso pode acontecer? É muito simples. Você e seu amigo filtraram a informação de modo diferente (diferentes crenças, valores, decisões, etc.). Em outras palavras, vocês perceberam o filme de modo diferente e, por essa razão, se comportaram de modo diferente em reação a ele.

Por sinal, quem colocou os seus filtros em prática? Você! – baseado no que aconteceu na sua família enquanto você crescia, nos ensinamentos da sua igreja (ou na ausência de uma religião), nas crenças e nos valores do local onde você viveu, nas decisões que você tomou sobre o mundo (isto é, um local seguro ou perigoso), etc. Se os seus filtros não estão criando os resultados que você deseja, você é a única pessoa que pode mudá-los. O primeiro passo é perceber conscientemente os filtros que você tem e que tipo de realidade (resultados) eles estão criando para você.

FILTROS – DELEÇÕES, DISTORÇÕES E GENERALIZAÇÕES

Toda informação é filtrada da sua percepção consciente pela **deleção** (a omissão de uma parte de uma experiência, isto é, como você sente a camisa nas suas costas), pela **distorção** (o processo pelo qual algo na experiência interior é representado de maneira incorreta e limitadora, isto é, pela simplificação) ou pela **generalização** (o processo pelo qual uma experiência específica passa a representar toda uma classe de experiências ou todo um grupo de experiências).

Nós podemos fazer afirmações gerais sobre o que acreditamos, como vemos os outros, os nossos valores, etc. Nós ignoramos possíveis exceções ou condições especiais.

A maioria das generalizações são feitas através dos "Quantificadores Universais". Quantificadores universais são situações que podem ter ocorrido uma, duas ou três vezes e a pessoa generaliza como se ocorresse sempre ou nunca. Os quantificadores universais são normalmente palavras como: tudo, cada, nunca, sempre, somente, todos, ninguém, etc. Exemplo: *"Meu chefe nunca me dá crédito pelo o que eu faço."*

Pergunta(s) para recuperar as informações: nós podemos exagerar a generalização ou usar um contraexemplo. "Nunca?" ou "Já houve um tempo em que o seu chefe lhe deu crédito?"

As decisões baseadas em generalizações independentes do contexto são tomadas com informações insuficientes, em relação ao que acontece com as tomadas num contexto específico.

Se você está atento de que contextos diferentes mudam a verdade da afirmação, você está no caminho certo para reconhecer o perigo inerente de que generalizações podem se transformar em crenças limitantes. Então podemos entender porque as generalizações são a base dos preconceitos.

 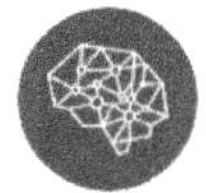

O que você realmente deleta, distorce e generaliza depende das suas crenças, linguagem, decisões, valores, memórias, meta programas, etc. Vamos olhar alguns exemplos para aumentar a sua compreensão de como isso funciona.

CRENÇAS

Suponhamos que você tenha a crença de que "não consigo fazer nada certo". Como você reagiria se alguém se aproximasse de você e dissesse: "Você fez um ótimo trabalho preparando aquele relatório?" Dependendo das circunstâncias, você pode rejeitar, diminuir ou deformar o feedback positivo recebido. Internamente, você pode pensar que ele não olhou detalhadamente, e quando o fizer, irá descobrir algo errado e mudar de opinião. Suponha que todos os dias lhe digam que fez um ótimo trabalho – você realmente escuta? Provavelmente não! E então uma pessoa chama sua atenção para uns erros de ortografia você fez na página 21. Isso repercute em você? Pode apostar que sim! Isso comprova a sua crença sobre você. Na perspectiva do 'filtro', você deletou e distorceu o feedback positivo e focou no negativo. Quais são as crenças que você tem sobre você, sobre os outros, sobre o mundo, que o limitam, acerca de quem você pode ser e do que você pode realizar?

LINGUAGEM (PALAVRAS)

Você pode escolher simplificar (distorcer) como você e sua esposa interagem ao se referir ao 'nosso relacionamento'. As palavras são interessantes. Elas são uma forma de código para representar a sua interpretação de algo. Se você quiser fazer uma brincadeira, junte um grupo de amigos e peça que cada um, de modo independente, escreva cinco palavras que para eles signifiquem 'relacionamento'. Eu aposto que ninguém aparece com as mesmas cinco palavras suas e, como um grupo, vocês podem nem ter alguma palavra em comum.

A palavra 'relacionamento' é um código para o que relacionamento significa para você, e eu imagino que a sua esposa tenha um significado completamente diferente para essa palavra. Porém, nós entramos em longas, e algumas vezes, acaloradas discussões com os nossos amados sobre o 'nosso relacionamento', sem nunca realmente discutir o que significa 'relacionamento' para cada um.

Se esse é um assunto de interesse para você, na próxima vez você pode querer se perguntar: "O que para você não está funcionando no nosso relacionamento (ou está sustentando o relacionamento) (e também o que está dando certo para você?)?" Isso fará surgir algo em que os dois possam realmente trabalhar juntos.

DECISÕES

Você toma decisões (isto é, generaliza) de modo que você não tenha que reaprender coisas todos os dias. Se você quer abrir uma porta, você aprendeu, há muito tempo atrás, (fez generalização) você pega na maçaneta, gira e empurra ou puxa e ela se abre – você não tem que passar toda vez, por todo o processo de reaprender como abrir uma porta. As generalizações são úteis e elas também podem nos meter em dificuldades.

Num experimento, os pesquisadores colocaram a maçaneta do mesmo lado das dobradiças da porta. O que você imagina que aconteceu quando eles deixaram adultos na sala? Eles iam até a porta, seguravam a maçaneta, giravam e aí tentavam abrir a porta empurrando-a ou puxando-a. Lógico, ela não abria.

Como resultado, os adultos decidiram que a porta estava fechada e eles estavam presos na sala! Crianças, por outro lado, que ainda não haviam feito a generalização sobre a maçaneta, simplesmente iam até a porta, a empurravam e saiam da sala. Os adultos, por causa das suas generalizações, criaram a realidade de estarem presos na sala quando de fato não estavam. Assim, quantas das nossas decisões (generalizações) sobre a esposa, o chefe, a maneira como as coisas funcionam, etc., o deixam 'preso', enquanto outros não são detidos por elas?

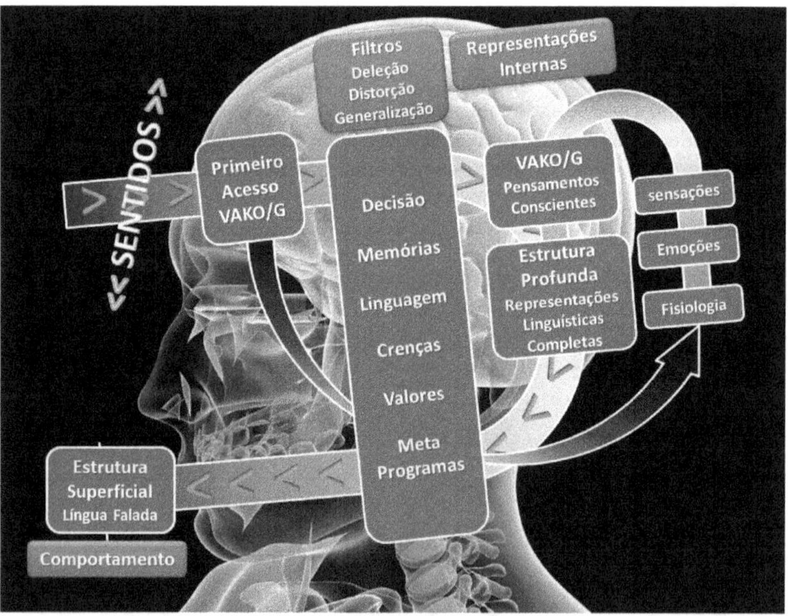

 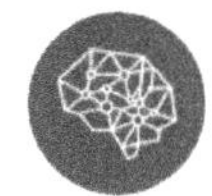

Um dos benefícios da PNL é descobrir esses filtros que colocamos em prática e como eles afetam o que vemos, ouvimos, sentimos; como reagimos aos outros e o que criamos na nossa vida. Assim que tomamos consciência dos filtros que não nos servem, podemos escolher, conscientemente ou com a ajuda da PNL, técnicas para modificá-los ou removê-los.

REPRESENTAÇÕES INTERNAS

Você se lembra de ter tomado café hoje de manhã? Como você se lembra disso? Você vê uma imagem na sua mente, ou há cheiros e sabores? Existem sons – talvez você possa ouvir um rádio na sua mente? Para recordar um evento, a sua mente usa figuras, sons, sensações, gostos, cheiros e palavras. Essas percepções do seu 'mundo externo' são chamadas de representações internas e são função dos seus filtros (isto é, crenças e valores). As suas percepções são aquilo que você considera ser 'real' ou, em outras palavras, a sua realidade.

Se você e eu tomamos café juntos, as nossas representações internas ou a percepção do café da manhã serão, muito provavelmente, semelhantes e diferentes em algum ponto – dependendo do que é importante para cada um de nós (nossos filtros). Café da manhã não é muito controverso. Mas e as nossas opiniões sobre a guerra do Iraque. Em função das nossas diferentes experiências, nós podemos perceber isso de um modo muito diferente com reações significativamente diferentes (comportamentos).

METAPROGRAMAS

Sabendo os metaprogramas de alguém pode ajudar de fato a clarear e predizer os estados da pessoa, e então prediz as suas ações. Um ponto importante sobre os Metaprogramas: eles não são bons ou ruins, eles são apenas o modo como alguém digere a informação.

VALORES

Os valores são essencialmente um filtro de avaliação. Eles são como nós decidimos se nossas ações são boas ou ruins, ou certas ou erradas. E eles são como nós decidimos sobre como nós nos sentimos sobre nossas ações. Os valores são organizados em uma hierarquia do mais importante que está tipicamente no topo e os que estão abaixo deste. Todos nós temos modelos diferentes de mundo (um modelo interno sobre o mundo), e nossos valores são o resultado de nosso modelo do mundo. Quando nós comunicamos conosco mesmos ou outra pessoa, se nosso modelo dos conflitos mundiais com nossos valores ou os valores deles, então lá vai haver um conflito. Richard Bandler diz, "Os valores são até as coisas as quais nós não vivemos."

Valores são tipicamente o que movem as pessoas ou as afastam (veja Metaprogramas). Eles são nossas atrações ou repulsão na vida. Eles são essencialmente um fundo, sistema de convicção inconsciente sobre o que é importante e o que é bom ou ruim para nós. Os valores também mudam conforme o contexto. Quer dizer, você tem certos valores provavelmente sobre o que você quer numa relação e o que você quer num negócio. Seus valores sobre o que você quer em um e no outro pode ser bastante diferente. E de fato, se eles não forem, é possível que você possa ter dificuldades com ambos. Considerando que os valores são o contexto relacionado, eles também podem ser estados relacionados, embora os valores sejam definitivamente menos relacionados com o estado do que sejam as convicções.

RECORDAÇÕES/MEMÓRIAS

As nossas recordações, de fato, alguns psicólogos acreditam que conforme nós envelhecemos, nossas reações no presente são reações a gestalts (coleções de memórias que são organizadas de um certo modo) de recordações passadas, e que o ato presente é uma pequena parte em nosso comportamento.

REPRESENTAÇÕES INTERNAS E COMPORTAMENTOS

Você gostaria de ver o efeito que as representações internas têm sobre o seu comportamento? Você pode lembrar de um evento realmente alegre da sua vida? Feche seus olhos e consiga uma imagem desse evento na sua mente, traga algum som, sensações, gostos e cheiros. Experimente completamente o evento na sua mente. Assim que tiver feito isso, repare se existe alguma mudança na sua fisiologia. Talvez como resultado dessas memórias (representações internas), você ficou com um sorriso no rosto, ou sentou-se mais ereto, ou talvez respirou mais fundo. Tenho certeza de que a sua fisiologia mudou de alguma maneira. Eu não pedi que você mudasse a sua fisiologia, pedi? O que isso demonstra é que as imagens, os sons, etc. (representações internas) que você faz na sua mente, influenciam a sua fisiologia e, em consequência, a sua escolha e palavras, o tom de voz que você usa e os comportamentos que você manifesta.

Agora sente-se mais ereto, coloque um sorriso no rosto e respire profundamente. Enquanto faz isto, sinta-se triste. Eu posso apostar que você não consegue se sentir triste sem mudar a sua fisiologia (isto é, respiração curta, ombros curvados, etc.). Isso ilustra que a sua fisiologia influencia as suas representações internas (sentindo-se triste ou alegre). Na próxima vez que estiver se sentindo triste ou deprimido, o que você pode fazer? – Participe em alguma atividade física (isto é, caminhada acelerada, exercícios).

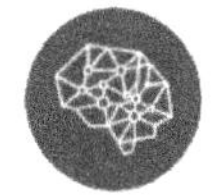

Outro exemplo: suponha que você acredite que seu chefe ou alguém na sua família é "uma mula". Você está a caminho de ver seu chefe e na sua mente, você pensa "Que asno!" Não somente você pensa assim, como você tem representações internas (imagens, sons e sensações) de eventos anteriores que comprovam isso – a sua realidade. Com o que a sua fisiologia estará parecida quando você entrar na sala dele, qual o seu tom de voz ou as palavras que vai usar? Dado o seu comportamento, você acha que ele irá apoiar a sua ideia ou fazer aquilo que você sugeriu? Eu duvido, e o que mais ele fez? Provou uma vez mais que, de fato, é "uma mula"!

Suponha que um dos seus colegas de trabalho ache que o chefe de vocês é excelente! Que tipo de representações internas você acha que ele faz na mente dele sobre o chefe de vocês? E sobre a fisiologia dele, o tom de voz ou as palavras que ele usa? E os resultados que ele consegue com o chefe? Por causa das percepções diferentes de vocês, cada um criou resultados diferentes e, por isso, realidades diferentes!

As Categorias de Intervenção da PNL

As categorias de intervenção da PNL podem ser descritas por três interessantes parâmetros:

1. **"NÍVEIS NEUROLÓGICOS"** – a "profundidade" da intervenção, dos processos apontados para realizar mudanças simples no ambiente da pessoa, por mudanças no comportamento, capacidade, convicções, identidade e espírito.

2. **ORIENTAÇÃO TEMPORAL** – passado, presente e futuro.

3. **POSIÇÕES PERCEPTUAIS** – experienciar o mundo da posição do self (1ª posição), da outra pessoa (2ª posição, e do observador (3ª posição); aos quais pode ser associado ou dissociado.

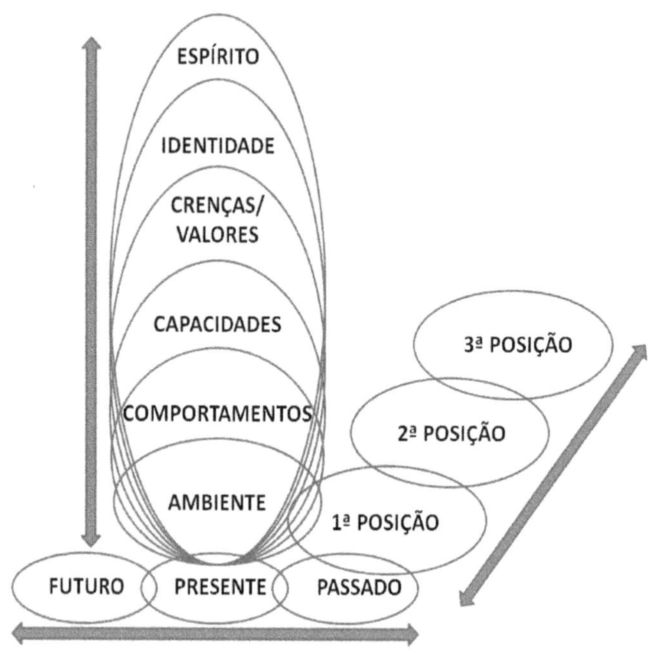

IDENTIFICANDO OS "COMPONENTES" E ESTRUTURA DA PERSONALIDADE

- ❖ Como nós pensamos sobre: os valores, percepção, reação, entendimento, convicções/crenças?

- ❖ Como nós nos sentimos: fisicamente experimentamos sensações corporais?

- ❖ Como nós nos emocionamos: o significado dado para cada sensação e experiência?

- ❖ Que experiências de referência usamos para dar significados aos atributos?

- ❖ Como nós falamos: os padrões de linguagem, uso, sintaxe, contexto?

- ❖ Como nós agimos: os comportamentos, ações, gestos, etc.?

- ❖ Como nós relatamos aos outros: estilo, natureza, intenção, etc.?

AS TRÊS AVENIDAS DA PERSONALIDADE

LINGUAGEM	A linguagem neurológica – Visual, Auditiva, Cinestésica, Olfativa, Gustativa (VAKO/G) – pela qual nós representamos as coisas e os sistemas Linguísticos meta-representacionais.

PERCEPÇÃO	Os filtros perceptuais que governam seu estilo de pensamento e os seus padrões e que determinam sua perspectiva.

ESTADO	O estado depende da experiência Neurolinguística – a mente-corpo ou estado de pensamento-sentimento no qual nós vivemos e do qual nós operamos e do qual estruturamos os mais elevados conceitos, convicções, valores, identificações, expectativas, suposições, decisões, etc.

NÍVEIS DE COMPETÊNCIA

A melhor aprendizagem contém elementos de aprendizagem conscientes e inconscientes. Na realidade para realmente superar qualquer coisa, nós precisamos ter incorporado e ter acesso a aprendizagem inconsciente.

Considere esta sucessão de aprendizagem como nós aprendemos, por exemplo, dirigir um carro:

	COMPETÊNCIA	INCOMPETÊNCIA
INCONSCIENTE	**4** Depois de um tempo, nós nos encontraremos dirigindo sem pensar consciente. Você alguma vez dirigiu de casa ao trabalho, e percebeu que não se lembra da viagem? Aqui nossa competência tornou-se inconsciente.	**1** Como um recém-nascido, nós nem mesmo sabemos que nós não podemos dirigir um carro. Nós temos incompetência inconsciente quanto a habilidade de dirigir.
CONSCIENTE	**3** Aprendemos a dirigir um carro, e no princípio quando nós ganhamos nossa licença, nós certamente podemos executar as várias habilidades envolvidas, mas nós fazemos isso tudo conscientemente, intensamente atentos em pisar na embreagem e acelerador junto, freando, dando seta, vendo a estrada e os carros a nossa volta, conferindo os espelhos, etc, etc, etc. Nós temos competência consciente.	**2** Como uma criança ou um adolescente, nós estamos atentos que nós não podemos, ainda, dirigir um carro. Nós estamos conscientes de nossa incompetência.

HABILIDADES BÁSICAS ESPERADAS NUM PRACTITIONER EM PNL

1. **Habilidades de Rapport**
   a. Predicados
   b. Acompanhamento e Liderança (verbal e não-verbal)
   c. Falando em Positivo
   d. Up-Time (Acuidade Sensorial Externa)

2. **Descobrindo e Reunindo Informações**
   a. Metamodelo
   b. Objetivos Bem Formulados
   c. Condições de Boa forma
   d. Formulação de Resultados
   e. Estado Desejado
   f. Estado Presente

3. **Habilidades de Observação**
   a. Sinais Mínimos
   b. Congruência e Incongruência
   c. Simetria / Assimetria
   d. Submodalidades
   c. Padrões Oculares Universais

4. **Habilidades Técnicas**
   a. Peak State
   b. Submodalidades
   c. Ancoragem (VAK): Somação, encadeamento e Colapso
   d. Metamodelo
   e. Ressignificação (Contexto/Conteúdo/Seis Passos)
   f. Dissociação V-K
   g. Mudança de História
   h. Estratégias (Descobrimento e Incorporação)
   i. Metáforas
   j. Modelo de Milton Erickson
   k. Passeio ao Futuro

l. Teste de Seu Trabalho

m. Gerador de Novas Condutas

n. Padrão Swish

o. Condicionamento Neuroassociativo

p. Padrão de cura de fobia

q. Gerador de novos comportamentos

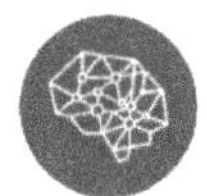

A Linguagem da Mudança

 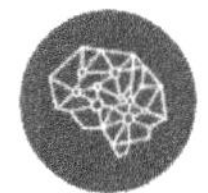

O QUE É HIPNOSE?

Com uma **definição** mais formal, "*hipnose*" literalmente significa "**dormir**" e recorre a "**ser** adormecido **ao** mundo externo" **porque** uma pessoa fica totalmente focalizada em algo dentro do mundo dela. Eles focalizaram intimamente em alguma **memória**, ideia, pensamento, representação, sentimento, pessoa etc. No entanto, esta definição pobremente identifica a experiência, e conduziu a muitos enganos. O'Connor e Seymour (1990) descrevem que...

"Transe é um estado onde você é motivado a aprender de seu inconsciente de um modo interno altamente dirigido. Não é um estado passivo, nem você está sobre outra influência. Há cooperação entre cliente e terapeuta, a resposta do cliente deixa o terapeuta saber o que fazer em seguida. " (pág. 119)

HIPNOSE NÃO É...	*HIPNOSE É...*
Durma	Um Estado Acordado
Um Estado de Inconsciência	Um Estado de Relaxamento
Ser Crédulo	Imaginação
Perceber-se Fraco	Exercício Para Sua Mente
Ser Controlado Por Outra Pessoa	Rapport Com Seu Inconsciente
Uma Perda do Autocontrole	A Exibição Definitiva de Controle

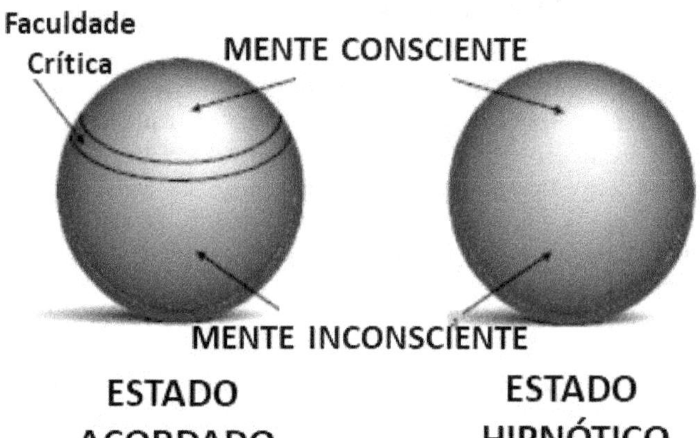

"Seus pacientes serão seus pacientes porque eles estão fora de concordância com as suas mentes inconscientes."

- Milton Erickson

O trabalho de Milton Erickson é o de facilitar o caminho. Criar oportunidade para que a mente inconsciente encontre o caminho.

PRESSUPOSTO:

Todos nós temos uma mente inconsciente e esta conhece muito mais de nós do que sabemos realmente.

Pode-se pensar no transe como uma amplificação de respostas e de experiências.

Se você descreve uma experiência, falando a respeito do que TEM DE ESTAR NELA, ajudará a pessoa a amplificar sua resposta.

O Modelo Ericksoniano é uma maneira de usar a linguagem para:

1. **Marcar e guiar a realidade da pessoa.**

2. **Distrair e empregar a parte consciente.**

3. **Acessar os recursos do inconsciente.**

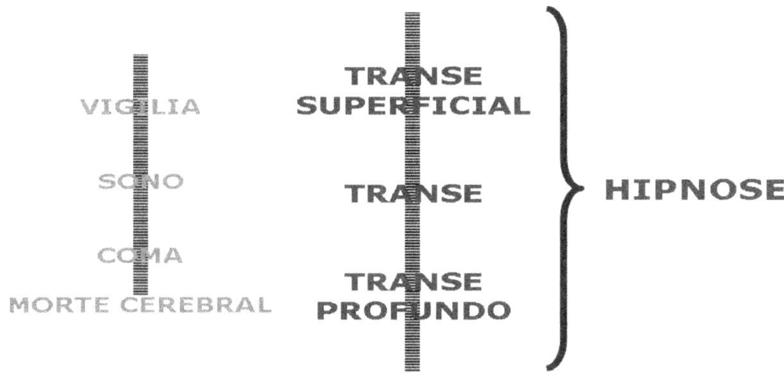
HIPNOSE
Estados de Consciência
VIGÍLIA
SONO
COMA
MORTE CEREBRAL
TRANSE SUPERFICIAL
TRANSE
TRANSE PROFUNDO
HIPNOSE

HISTÓRIA DE HIPNOSE

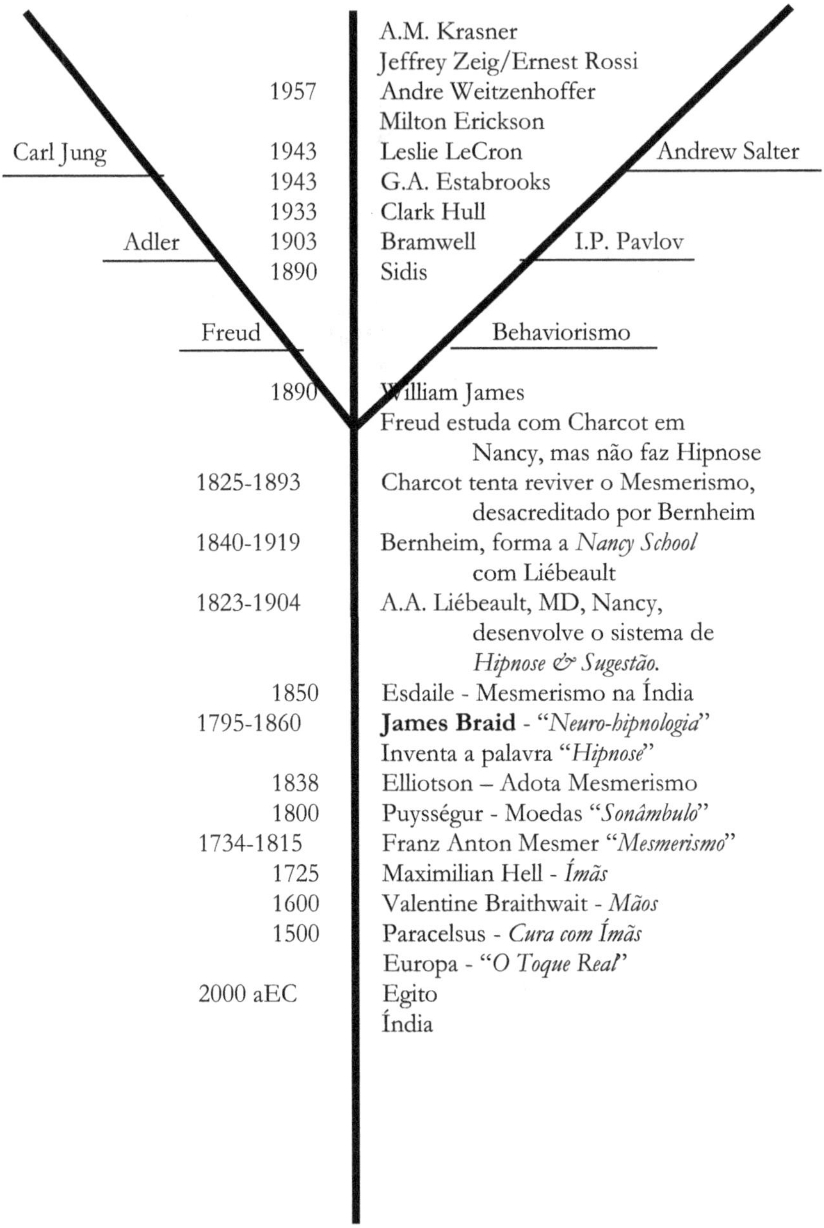

		A.M. Krasner
		Jeffrey Zeig/Ernest Rossi
	1957	Andre Weitzenhoffer
		Milton Erickson
Carl Jung	1943	Leslie LeCron Andrew Salter
	1943	G.A. Estabrooks
	1933	Clark Hull
Adler	1903	Bramwell I.P. Pavlov
	1890	Sidis

Freud   Behaviorismo

1890	William James
	Freud estuda com Charcot em Nancy, mas não faz Hipnose
1825-1893	Charcot tenta reviver o Mesmerismo, desacreditado por Bernheim
1840-1919	Bernheim, forma a *Nancy School* com Liébeault
1823-1904	A.A. Liébeault, MD, Nancy, desenvolve o sistema de *Hipnose & Sugestão.*
1850	Esdaile - Mesmerismo na Índia
1795-1860	**James Braid** - *"Neuro-hipnologia"* Inventa a palavra *"Hipnose"*
1838	Elliotson – Adota Mesmerismo
1800	Puysségur - Moedas *"Sonâmbulo"*
1734-1815	Franz Anton Mesmer *"Mesmerismo"*
1725	Maximilian Hell - *Ímãs*
1600	Valentine Braithwait - *Mãos*
1500	Paracelsus - *Cura com Ímãs*
	Europa - *"O Toque Real"*
2000 aEC	Egito
	Índia

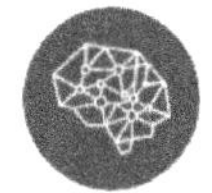

Constelação Hipnótica

Durante o transe hipnótico, de acordo com a sensibilidade individual momentânea e segundo a profundidade do transe alcançada, pode-se verificar ou induzir o surgimento de alguns fenômenos psicossomáticos. Vejamos alguns deles:

RELACIONADOS À MEMÓRIA

Amnesia: Esquecer-se de pensamentos ou de fatos passados durante o transe (espontaneamente ou não) ou em uma ocasião específica, o que pode dar-se espontaneamente ou de acordo com orientações sugestivas do hipnotizador.

Hipermnésia: É a capacidade de lembrar-se de forma nítida e com riqueza de detalhes de pensamentos, sentimentos ou eventos ocorridos e completamente esquecidos.

Regressão de idade: O fenômeno de regressão de idade é parcialmente baseado nos mecanismos de hipermnésia e amnésia. É a capacidade de reviver pensamentos e sentimentos passados como se fossem presentes, como se a pessoa estivesse em um momento específico de uma idade anterior, no qual se comporta, pensa e reage de forma similar à idade em questão, mas guarda todos os mecanismos de aprendizado da idade atual [de forma que ela apresentará todo o controle dos esfíncteres, e não irá urinar nas calças quando "regredir" a uma idade em que ainda não tinha o controle sobre esses músculos, embora reproduza comportamentos infantis].

Regressão à idade fetal.

Xenoglassia: Capacidade em relembrar e fazer uso lógico de uma língua estrangeira que se ouviu na infância, e da qual não se tem domínio conscientemente.

IDEOSOMÁTICAS (OU IDEOMOTORAS)

Há uma associação entre a postura e a fisionomia do indivíduo hipnotizado: se o paciente for colocado em posição de boxe, sua fisionomia adotará feição de ferocidade; se o colocarmos de joelhos e com as mão unidas, sua fisionomia adotará uma placidez de quem está a orar.

Dermografia - Caracterizadas pelo aparecimento (em geral sugestionado) de símbolos, letras ou palavras em relevo em algum lugar do corpo, e somem poucos minutos depois, sem deixar cicatriz.

Estigmas - Costumam aparecer em datas comemorativas em locais do corpo que façam referência às chagas de Cristo ou de outro personagem religioso. Geralmente transformam-se em cicatrizes e por vezes sangram. A história dos santos católicos está repleta de manifestações desta natureza. Liebault e Focachon realizaram experimentalmente a estigmatização, sugerindo-a pura e simplesmente. Encontram-se numerosos exemplos nas obras sobre o hipnotismo médico. Para realizá-la, traça-se com a ponta de uma espátula, uma palavra, uma figura ou marca sobre a pele do hipnotizado e lhe sugere que sangrará em todos os lugares onde tiver sido tocado com a ponta da espátula. E a inscrição, primeiramente invisível, vai gradativamente avermelhando-se; depois o sangue começa a aparecer. exsudação sanguínea.

Hematidrose - Em 1885 Focachon, farmacêutico de Charmes produzia na presença dos drs. Bernheim, Legeois, Dumont etc. vesicações sob sugestão enquanto três médicos de La Rochelle obtinham algumas gotas de sangue na pele de um hipnotizado.

Catalepsia - Enrijecimento dos músculos sem a fadiga durante o estado hipnótico, paralelamente à suspensão das sensações. A catalepsia seria, portanto, a permanência de pelo menos alguma parte do corpo em determinada posição por algum tempo sem as dores causadas pela constância.

Experiência conhecida como ponte humana

Catalepsia - também conhecida como "ponte humana".

Catalepsia - Os braços do indivíduo hipnotizado permanecem na posição em que são colocados pelo hipnotizador.

Movimentos "Alavancados" - São movimentos pausados, e na maioria das vezes lentos, como se o indivíduo estivesse levando pequenos choques. Muitas vezes ocorre durante o teste sugestivo da "levitação da mão".

Hiperpraxe - Aumento da capacidade muscular. Tomemos como exemplo a força da mandíbula: todo mundo tem aproximadamente 600 libras de pressão nos músculos da mandíbula, mas poucas pessoas já usaram-na. Não obstante, isto permite que os acrobatas pendurem-se pelos dentes de um trapézio e executem os feitos mais surpreendentes enquanto estão assim apoiando o peso do corpo pelos dentes...

IDEOSENSORIEDADE

Dissociação - É uma cisão, uma separação dos estados psicológicos entre consciente e inconsciente, ou separação entre emoções e os pensamentos, comportamentos e sensações. É um processo mental no qual sistemas de idéias são separados da personalidade normal e operam independentemente. Na

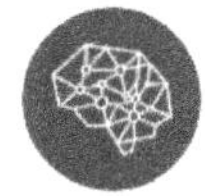

dissociação uma palavra, símbolo ou lembrança deixa de estar associada a certas idéias, lembranças etc.

Alucinações - O detalhe mais impressionante da hipnose é o fato do paciente vivenciar alucinações sugestionadas; podemos alterar as percepções, induzindo ilusões e alucinações positivas (ver, sentir ou ouvir o que não existe) ou alucinações negativas (deixar de ver, sentir ou ouvir o que existe) mesmo que a pessoa mantenha seus olhos abertos durante o transe hipnótico. E pode-se obter o mesmo efeito em sugestões pós-hipnóticas, dadas durante a hipnose e executadas depois, em estado de vigília, executadas horas, dias, meses ou anos depois.

Analgesia - É a sensação de dormência (diminuição da percepção tátil) em alguma parte do corpo (estes fenômenos são utilizados na terapêutica da dor).

Hiperestesia - A hiperestesia é o aumento da percepção das sensações, com a ampliação do limiar perceptivo a níveis mais sensíveis de estimulação.

"Transfert" - A transferência de sensibilidade de uma parte do corpo para a parte correspondente do outro lado. Trata-se meramente do exagero de uma relação normalmente presente em partes simétricas do corpo.

RACIOCÍNIOS SOBRE O FUTURO

Pseudo-orientação no futuro - Pensar o futuro a partir do presente. O indivíduo pensa o futuro, sabendo que é apenas uma projeção, e através dos cinco sentidos pode pensar e dar formas a situações que irá passar.

Progressão de idade - O indivíduo pensa estar num futuro. Pode-se passar por uma situação antes dela acontecer para saber quais serão as reações quando isso se tornar realidade (isto não está ligado à previsão do futuro).

COGNIÇÃO

Signo-sinal - São comandos associados aos estados hipnóticos, como uma palavra ou frase dita ao paciente durante o transe e que funcionam como uma "chave" para induções futuras. São usados normalmente para facilitar cada uma das próximas sessões para que o trabalho seja iniciado e conduzido de uma forma mais rápida.

Duplicação de sistemas de raciocínio - Duplicação é a atividade psíquica onde duas linhas de raciocínio acontecem simultaneamente e de forma independente uma da outra (o que permite obter-se a Escrita Automática, popularmente conhecida como "psicografia", a Escrita Ambidestra, em que o indivíduo

hipnotizado é levado a escrever ou digitar um texto diferente lógico e coerente com cada mão, às vezes em línguas diferentes).

Sugestão pós-hipnótica - É o estabelecimento de comportamentos, atitudes, relações e formas de pensar que terão efeito depois do processo formal de transe hipnótico, sendo executados os comandos com o indivíduo em estado de vigília. Refere-se à execução, no tempo de pós-transe ou a algum tempo especificado, de sugestões dadas durante o transe.

Alteração de consciência reflexiva - É a maneira como a pessoa vê a si mesma, em estado de vigília e em estado de hipnose. A percepção da área corporal fica notadamente alterada, assim como a identificação com a massa corpórea (alguns indivíduos referem-se a si mesmos na terceira pessoa).

NOÇÃO DE TEMPO

A distorção da noção de tempo se divide em duas categorias:

Expansão da noção de tempo - Tem-se a impressão de que passou um tempo muito maior do que realmente se passou. 20 minutos podem parecer 4 horas para a pessoa hipnotizada, e muitas vezes segue-se uma noite de "insônia" com muita vitalidade, uma vez que o transe repõe o descanso fisiológico necessário.

Condensação da noção de tempo - Ao indivíduo hipnotizado se parece ter transcorrido menos tempo do que passou. É muito comum após despertar de um transe profundo o sujeito completar uma história que estava contando minutos antes da indução, e perguntar ao seu terapeuta quando este vai começar, e mesmo negar que tenha estado em transe.

PADRÕES DE ENTONAÇÃO

As setas indicam o tom de voz usado na oração.

Você pode formar uma oração em um padrão sintático na forma de Pergunta, Declaração e Comando, usando quaisquer das tonalidades anteriores. Sem dúvida, a sintaxe mais poderosa é uma Sintaxe Interrogativa e uma Tonalidade de Comando.

FLUXOGRAMA DO TRANSE

1. PROPÓSITO DE UM ESTADO DE TRANSE
a. Aprendizado   b. Relaxamento   c. Mudança
d. Gerar Novos Comportamentos   e. Evolução Pessoal
f. Generalização de Recursos   g. Ensinar

1) OBJETIVOS
A. Estado Desejado
    i. Eliciar condições de boa formulação do estado desejado
    ii. Condições de boa formulação nos objetivos
B. Questões para eliciar objetivos
    i. O que você quer? (Especificamente)
        1. *Qual é o objetivo de conseguir este objetivo? (Meta-objetivo)*
    ii. Como você saberá se/quando conseguir o que queria?
        1. *O que vai demonstrar que você conseguiu?*
        2. *O que você vai ver/ouvir/sentir? (Equivalência complexa)*
    iii. Onde, quando, com quem você quer isso? (Contextualização)
    iv. Como isso vai mudar/afetar sua vida? (Ecologia)
        1. *Como vai afetar as pessoas importantes para você?*
        2. *O que vai acontecer quando você conseguir isso?*
        3. *Onde, quando e com quem você não deseja isso?*
    v. Como você vai saber que está funcionando? (Evidência Interna e Externa)
    vi. Iniciado, mantido e controlado pela pessoa

2) A ESTRUTURA DO TRANSE
A. Indução (Entrando em Transe)
    i. Perguntas (Acompanhar)
    ii. Estórias, piadas, metáforas
    iii. Técnicas de relaxamento

    iv. Auto Hipnose

    v. 5-4-3-2-1 (Representações Internas e Externas)

    vi. Repetir as mensagens dadas pelo cliente adicionando algo (Conduzir)

B.   **Utilização (Estando em transe)**

    i. No meio do nada

    ii. Estórias, piadas, metáforas

    iii. Sonhos inconscientes

    iv. Experiência positiva do passado

    v. Fenômenos Hipnóticos (levitação, distorção, etc.)

    vi. História passada

    vii. Dissociação, amnésia, regressão

    viii. Hipermnésia

C.   **Integração (Saindo do Transe)**

    i. Os ventos da mudança

    ii. Processo de dissociação, regressão, amnésia completa

    iii. Sugestões pós-hipnóticas, reentrada em transe, comportamentos, etc.

    iv. Profunda auto apreciação

    v. Reorientar para o ambiente

MODELO ERICKSONIANO – A LINGUAGEM INDUTIVA

O MODELO MILTON

O Modelo Milton é um conjunto de padrões de linguagem para GUIAR a experiência de alguém. Bandler & Grinder observaram estes padrões no trabalho do Dr. Milton H. Erickson, M.D.

O Modelo Milton não procura informação específica (conteúdo) da mesma forma que o Metamodelo. Ele **EVOCA ou INDUZ ESTADOS na outra pessoa.** Em vez de usar a linguagem para segmentar para baixo a experiência, você a usa para segmentar para cima.

Se você for suficientemente vago, você **permitirá que a experiência da outra pessoa seja a mais adequada** para ela, **naquele momento.** Assim, o que quer que você diga irá combinar com a experiência dela.

O OBJETIVO É SER DE TAL MANEIRA VAGO, QUE VOCÊ GUIE A EXPERIÊNCIA DA PESSOA.

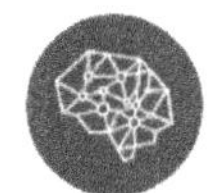

A LINGUAGEM ERIKSONIANA

PRINCIPAIS ELEMENTOS

- ***Acompanhamento e Condução.*** Conhecer o modelo de mundo da outra pessoa e ser capaz de acompanhá-la e conduzi-la e/ou a você mesmo em direção às mudanças desejadas.

- ***Acuidade Sensorial.*** Consigo mesmo e com outros. Acuidade Sensorial é o processo de aprender a fazer distinções mais finas e mais úteis das informações sensoriais que obtemos do mundo.

- ***Calibração.*** Observar as evidências sensoriais específicas buscando estados emocionais tanto na fisiologia quanto na linguagem.

- ***Congruência.*** Focalizar recursos e ser capaz de trabalhar claramente em prol de um resultado desejado. É o fazer o que diz e dizer o que faz. É o estar em rapport consigo mesmo.

- ***Ecologia.*** Olhar para o sistema maior e os tipos de limites que estabelecemos para definir o sistema com o qual estamos lidando.

- ***Eliciação.*** Suscitar aquilo que é importante através de rapport e habilidades de questionamento.

- ***Estado.*** A capacidade de escolher seu estado emocional e eliciar estados em outros. Estado é a soma de nossos pensamentos, sentimentos, emoções e energia física e mental.

- ***Flexibilidade.*** Se aquilo que estiver fazendo não está funcionando, faça outra coisa. É o ter múltiplas escolhas de pensamento e comportamento para alcançar um resultado.

- ***Modelagem.*** Eliciar a estrutura da experiência subjetiva. É o processo de discernir a sequência de ideias e de comportamentos que permite a alguém realizar uma tarefa.

- ***Pressuposições.*** Os princípios operacionais. Ideias ou "crenças" que são pressupostas, ou seja, consideradas como dadas e sobre as quais se age.

- ***Rapport.*** É um relacionamento (ao qual estabelecemos e mantemos) de confiança e responsabilidade com você mesmo e com outros.

- ***Resultados.*** Saber o que quer, eliciar o que os outros querem, de forma específica e sensorialmente baseado. Você sabe o que verá, ouvirá e sentirá quando o tiver.

- ***Sistemas Representacionais.*** Pensar com os sentidos. São os diferentes canais através dos quais nós representamos informações internamente, usando nossos sentidos.

PRESSUPOSTO

Não precisamos criar nada para induzir um transe, apenas seguir a experiência que o cliente está vivenciando.

Num trabalho de hipnose, nós amplificamos a experiência da pessoa.

Os Três Principais Elementos Da Comunicação

1) **Linguagem.**

2) **Fisiologia.**

3) **Pensamento.**

Procuramos pelo ponto de alavancagem em cada um desses três elementos.

Uma mudança bem-sucedida se mostrará em todos os três:

1) **Os padrões de linguagem de uma pessoa serão diferentes.**

2) **Sua fisiologia será diferente.**

3) **Seu pensamento será diferente.**

PRIMEIRA REGRA DA HIPNOSE: OLHE PARA O CLIENTE

Olhando para fora é que descobrimos o que está dentro.

O inconsciente se abre cada vez mais conforme percebe que você está do lado dele. E com esta relação PROFUNDA se deixa influenciar.

O inconsciente precisa estar aberto para você e fechado para os outros.

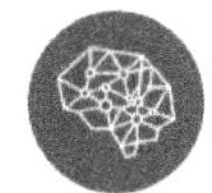

EXERCÍCIO:

CERTO / MUITO BEM / HUM HUM

Nota: A palavra entra quando houver uma mudança no padrão.

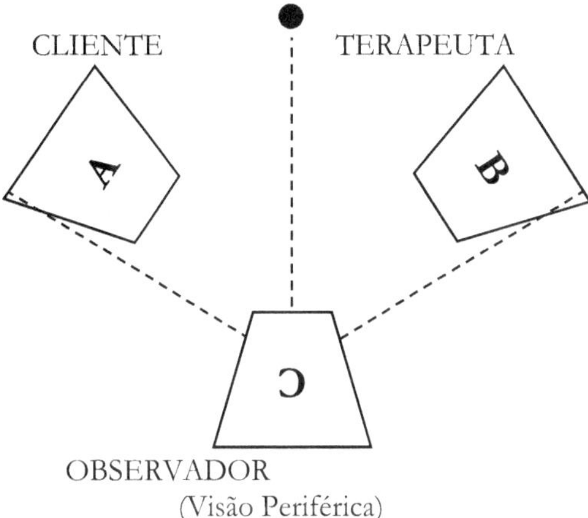

> ## NOTAS
>
> Quando espelhamos o que a pessoa faz aprofundamos ainda mais o seu estado.
>
> Quando acontecer algo inesperado, incorporar isto no transe.
>
> No inesperado, chamar a atenção para o óbvio, especificando o que a outra pessoa está vivenciando

EXERCÍCIO: DESCREVENDO A EXPERIÊNCIA DO PACIENTE/CLIENTE

(Grupos de três pessoas – 5 min/cada)

Pessoa A, pensa em algo que se ajuste à seguinte descrição: uma situação na qual você fica profundamente envolvido, com um foco limitado de atenção. Para algumas pessoas será caminhar/correr; para outras será ler um livro. Poderia ser escrever, assistir TV, ir ao cinema, dirigir seu carro em uma longa viagem — qualquer coisa que se ajuste à descrição.

A pessoa A, diz aos outros dois de seu grupo, B e C, qual é a experiência. Dê-lhes apenas o nome da experiência: correr, velejar... — apenas uma palavra. Se você lhes der muitos detalhes, tornará isto muito fácil para eles. Simplesmente lhes dê uma palavra, recoste-se e feche seus olhos e finja que você está em hipnose — simplesmente finja. As pessoas B e C descrevem o que elas acreditam que teria de estar lá sensorialmente naquela condição se você estivesse tendo aquela experiência. As palavras mágicas são "tenha" porque se alguém está correndo e você diz que o sol luminoso está aquecendo seu corpo isso pode não estar lá. As pessoas podem correr à noite, ou em um dia

> ### Observação
>
> Observem a pessoa que tem os olhos fechados, e note como ela responde ao que você diz. Quando você for a pessoa que senta com seus olhos fechados, note quais coisas lhe permitem entrar mais na experiência, e quais coisas fazem isto mais difícil.
>
> - Quais coisas pareciam lhe chocalhar, e quais pareciam conduzi-lo mais para estar relaxado?
>
> - Quais coisas pareciam ser deslocadas, e quais lhe permitiam esquecer onde você estava?

nublado. Porém, elas têm de perceber um pouco a temperatura da pele. Assim você vai ter de ser artisticamente vago. B e C fazem declarações alternadas a cada duas orações ou frases. A pessoa B dirá: "Você pode sentir a temperatura do ar em seu corpo, e o lugar onde seu pé toca o chão". A pessoa C poderia dizer: "Você nota a batida de seu coração. Você pode sentir a temperatura de sua pele." Essas são experiências que têm de estar lá.

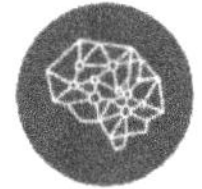

EXERCÍCIO – ACOMPANHAR A RESPIRAÇÃO

(Mesmo grupo de três pessoas – 2 min/cada)

Construir rapport pelo acompanhamento é a base para conduzir alguém a estado alterado. Você pode acompanhar qualquer parte da produção de comportamento da pessoa. É particularmente útil sempre acompanhar a taxa de respiração que está acontecendo, mas é provável que a pessoa não esteja consciente. Se você acompanha a taxa de respiração com seu tempo de fala, você pode reduzir a velocidade da taxa de sua fala e a outra pessoa simplesmente ficará mais lenta com a sua taxa de respiração. Outro modo para acompanhar é verbalizar o que está presente na experiência contínua da pessoa. "Você está sorrindo conforme você olha para mim, você pode ouvir a minha voz enquanto eu falo..."

EXERCÍCIO – USO DE CONECTORES

(Mesmo grupo de três pessoas – 3 min/cada)

Transições lisas tornam possível para a pessoa entrar facilmente em um estado alterado. Boas palavras de conexão são: "conforme", "enquanto" e "e" que fazem suas transições graciosas.

EXERCÍCIO DE UTILIZAÇÃO PARA DUAS PESSOAS

(Duas pessoas – 5min/cada)

Uma pessoa agirá como Hipnoterapeuta, o outro como o Cliente. O Hipnoterapeuta senta em frente do Cliente num ângulo de 130° confortável, e entra em rapport (acompanhando a fisiologia: sente do mesmo modo que o Cliente está sentando, respiração, postura, até mesmo o ângulo da coluna dele.) com ele. Conforme você faz isto, Hipnoterapeuta, entre em um transe.

Se você está em rapport com o Cliente, e você está em transe, então o Cliente também entrará em transe. Toda vez você notar que o Cliente está fazendo qualquer coisa como entrar em transe, utilize o que você vê, dizendo, "Isso... Ok". Você usará só duas palavras durante esta indução de transe inteira: "Isso... Ok".

Cliente, note conforme ele diz "Isso... Ok" para você. Quando você produz um comportamento de transe amplia seu transe.

Depois de 5 minutos, invertam os papéis, de forma que cada um de vocês utilizem a experiência de ser Hipnoterapeuta e Cliente.

EXERCÍCIO DE ACESSO A MEMÓRIA-

Trios – 5' cada posição

O objetivo deste exercício é o de ajudar cada um a ter acesso de maneira completa a alguma memória / experiência de memória útil.

Estamos, de propósito, dando-lhes poucas instruções para fornecer um modelo no qual vocês possam descobrir o que funciona ou não.

Aconselhamos que vocês escolham uma experiência do passado, algo de concentração confortável, na qual vocês aprendam com facilidade.

1. O sujeito escolhe uma experiência e, em seguida, diz aos outros, com uma palavra ou frase curta, sobre o que é a experiência, tal como "esquiando" ou "sentado perto de um riacho". O Sujeito irá então fechar os olhos, já que isto é hipnose "oficial".

2. O Hipnotizador diz e faz o que acha útil para ajudar o sujeito a ter acesso ao estado.

O Meta-Hipnotizador fica encarregado de observar o Sujeito enquanto escuta o Hipnotizador, e observa o que parece colocar o Sujeito ainda mais profundo na experiência, e o que parece tirá-lo(a) dela.

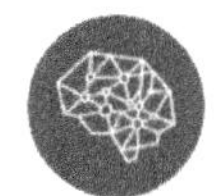

PADRÕES DE LINGUAGEM ESPECÍFICOS PARA INCERTEZA ASTUTA

Depois de desenvolver o Meta-modelo, Bandler e Grinder conheceram o Dr. Milton H. Erickson, um médico hipnoterapeuta mundialmente renomado e fundador da Sociedade Americana de Hipnose Clínica. Erickson abriu uma área inteiramente nova de pensamento em terapia e comunicação. Do estudo de Erickson surgiu a publicação de *Patterns of Hypnotic Techniques of Milton H. Erickson, Volume I* (1975). Depois, com Judith DeLozier, Grinder e Bandler publicaram o Volume 2 (1977). Bandler e Grinder aprenderam de Erickson o valor do transe e dos estados alterados dentro da terapia.

Erickson respeitava a mente inconsciente do cliente, acreditava que a intenção positiva percorria todos os comportamentos, que os indivíduos fazem melhores escolhas disponíveis para eles, que as pessoas têm os recursos dentro delas para fazerem as mudanças desejadas etc. Erickson era um gênio na construção e manutenção de *rapport* (acompanhar e conduzir). Os passos do meta-modelo visam nos levar até às particulares para recuperar materiais generalizados, distorcidos e deletados. Isto nos leva a sair do transe. O Modelo Milton reciprocamente nos leva a grandes porções fazendo novas generalizações, deleções e distorções. Em lugar de ir para a informação específica, aumenta a informação geral — para o quadro mais amplo. O Modelo Milton espelha o inverso do Meta-Modelo.

Espere achar muitas distorções, generalizações e deleções neste modelo. Aqui nós, intencionalmente, usamos a linguagem para dar ao cliente a possibilidade de preencher os pedaços. Nós provemos um molde aberto com pequeno contexto de forma que a mente inconsciente do cliente ativará uma busca interna. A linguagem geral induz a pessoa inerentemente a entrar em transe nesta procura. Assim os padrões de linguagem dentro do Modelo Milton facilita este processo. Por causa do Modelo Milton espelhar o inverso do Meta-Modelo, nós colocamos uma pessoa em transe por usar as violações de Meta-Modelo. Aqui nós não fazemos perguntas — questões que convidam a mente surgir (em tempo de funcionamento). O exemplo seguinte ilustra criativamente o uso das violações do Meta-Modelo para induzir um estado de transe:

Perguntas de "*Chunking up*" dissocia o Estado Problema para o nível mais alto (meta) de recursos. Você vai achar a fonte para curar "lá em cima."

Em Transe

Geral – *Chunk Up* – Quadro Amplo

Perguntas: O que é um exemplo disto?

Para que propósito...?

Qual é sua intenção?

O que faz ter e dar isto ser mais importante?

O Modelo Milton

Existência

⬇ ⬆

Transporte

⬇ ⬆

Carro

⬇ ⬆

Pneu

⬇ ⬆

Chave de roda

O Meta-Modelo

Fora de Transe

Específico – Detalhes – *Chunk Down*

Perguntas: O que é um exemplo disto?

O que especificamente?

Qualquer pergunta de **Meta-modelo**

CHUNKING UP — OUTRO FORMATO

Intenção Definitiva

Intenção D

"O que é importante sobre fazer D?"
"O que vai fazer D para você?"
"O que deixa você fazer D?"

Intenção C

"O que é importante sobre fazer C?"
"O que vai fazer C para você?"
"O que deixa você fazer C?"

Intenção B

"O que é importante sobre fazer B?"
"O que vai fazer B para você?"
"O que deixa você fazer B?"

Comportamento A

"Qual é sua intenção positiva ao fazer A?"
"O que vai fazer A para você?"
"O que deixa você fazer A?"

Exemplo
(Comece debaixo e trabalhe para cima)

D
"O que ser mais diligente faz para você?"
"Significa eu posso ser mais eu."

C
"O que se sentir menos nervoso faz para você?"
"Permite-me ser mais diligente."

B
"O que ter algo para fazer, faça para você?"
"Faz-me sentir menos nervoso."

A
O comportamento é fumar; o resultado é parar de fumar.
"Qual é sua intenção positiva ao fumar?"
"Dar a minhas mãos algo para fazer."

(Young, 1999)

"Eu sei (LEITURA MENTAL) *que você começou a ganhar novas aprendizagens* (NOMINALIZAÇÃO) *sobre assuntos de muito grande* (SUBSTANTIVO NÃO-ESPECÍFICO) *significação para você. E, é uma coisa boa para aprender* (PERFORMATIVO PERDIDO), *realmente aprender...* (????) *Para que conforme você ganha novas aprendizagens* (PRESSUPOSIÇÃO), *você já começou a mudar* (CAUSA-EFEITO) *e eu não sei como você se sente, agora..., mas você pode. E, o fato que você já começou a mudar significa modos curativos tão leves que* (EQUIVALÊNCIA COMPLEXA) *começou. E você pode experimentar estas mudanças* (PRESSUPOSIÇÕES) *por como você se sente ou apenas por como você fala com você. Desde então você começou a fazer mudanças* (NOMINALIZAÇÃO), *isso significa tudo* (QUANTIFICADOR UNIVERSAL) *outras áreas que precisam de cura podem começar a mudar* (ORAÇÃO INTEIRA É UMA EQUIVALÊNCIA COMPLEXA). *E você pode mudar* (OPERADOR MODAL DE POSSIBILIDADE E VERBO NÃO ESPECIFICADO), *como você deva* (OPERADOR MODAL DE NECESSIDADE). *É mais ou menos a coisa certa a fazer* (PERFORMATIVO PERDIDO), *isso é mudar* (COMPARATIVO DELETADO). *"*

PADRÕES INVERSOS DO METAMODELO

PARTE I – PADRÕES INVERSOS DO METAMODELO

O coração do Modelo Ericksoniano é o INVERSO do Metamodelo. Abaixo está uma lista dos padrões do metamodelo mais utilizada no Modelo Ericksoniano:

1) ÍNDICE REFERENCIAL NÃO ESPECIFICADO

Pessoas, lugares ou coisas a respeito dos quais se fala não são especificados, ficando a especificação por conta da pessoa, sendo que as pessoas fazem sempre a melhor escolha para elas:

"As pessoas entram em transe facilmente."

"Os clientes têm escolhido este modelo."

2) FALTA DE ÍNDICE REFERENCIAL

Parte da informação é omitida para que o ouvinte preencha a lacuna com qualquer coisa que seja relevante para ele:

"É fácil para as pessoas entrarem em transe"

"Uma pessoa sentou na mesma cadeira a semana passada e..."

"Algumas pessoas podem sentir-se relaxadas"

"Todos, alguma vez, têm fome"

"Sei que você está curioso."

"... obtendo o que você quer e necessita."

"É possível, você sabe..."

3) VERBOS INESPECÍFICOS

Neste caso, consideramos verbos inespecíficos como sendo:

1. Verbos que não especificam como a ação é executada; e

2. Verbos que não especificam o Sistema Representacional.

Por exemplo: Pergunta-se, pensar, sentir, experimentar, entender, recordar.

"Trazendo grande entusiasmo..."

"Você pode se lembrar do tempo em que..."

"Fazendo com que você relaxe..."

"Você vai verificar por você mesmo como..."

4) OMISSÕES COMPARATIVAS (COMPARAÇÕES NÃO ESPECIFICADAS)

Quando você omite uma parte da informação, caberá à própria pessoa completá-la. Usa uma estrutura comparativa ou superlativa que não indica os padrões de referência ou comparação.

"Você vai entrar num estado apropriado"

"Paulo, quero que observe a imagem"

"E continua perguntando-se, e realmente"

"E você se sente mais e mais confortável."

"Vocês vão perceber que esta é a melhor opção."

5) NOMINALIZAÇÕES

As nominalizações fazem com que o ouvinte desenvolva uma busca em sua experiência para encontrar o significado mais apropriado. Referindo-se a **EVENTOS,** você permite à pessoa se utilizar dos próprios **PROCESSOS** para compreendê-lo. Exemplos: Sensação | | Experiência. Certas sensações... presença, consciência, satisfação, mente inconsciente.

"Novas aprendizagens... de grande significado... que a sua mente inconsciente sabe..."

"Talvez você tenha uma dificuldade em sua vida profissional e queira encontrar uma solução satisfatória... Não tenho certeza de que recursos trariam maior aprendizagem, mas sei que neste seminário você terá mais condições do que você imagina para encontrar exatamente a compreensão que..."

PARTE II – MÁ FORMAÇÃO SEMÂNTICA

6) CAUSA-EFEITO, LIGAÇÃO OU MODELO CASUAL

O uso de palavras que implicam num relacionamento de causa e efeito entre algo verificável que está ocorrendo e algo que o consumidor quer que ocorra. O ouvinte é convidado a responder como se uma das coisas fosse realmente a

 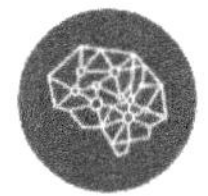

causa da outra. As uniões não precisam ser lógicas ou válidas, bastam combinar com a experiência subjetiva da pessoa.

São maneiras de unir experiências diferentes para criar a ilusão de que elas estão unidas. As uniões não precisam ser lógicas ou válidas e, sim, combinar com a experiência subjetiva da pessoa a nível consciente e inconsciente.

Existem três maneiras de fazer a ligação entre declarações, para que a pessoa possa "deslizar" facilmente para a experiência para a qual você está guiando.

a. CONJUNÇÃO SIMPLES *(e, porém, então, ou etc.)*

O tipo mais superficial de vinculação; conecta fenômenos de outra forma não relacionados:

"Está escutando a minha voz e relaxando mais"

"Você está respirando... inspirando... expirando..., olhando para mim, e pode começar a notar o relaxamento que já está se espalhando pelo seu corpo"

"Você pode olhar para mim e começar a se sentir mais relaxado"

"Você está ouvindo o som de minha voz e pode começar a relaxar."

"Você está vendo estes exemplares e suas características, então pode imaginar como eles se ajustarão à sua sala."

b. IMPLICAÇÕES DA CAUSALIDADE *(assim como, desde que, enquanto, antes, como, durante, depois, se tal caso... então, quando, pelo tempo que...)*

Uma forma mais poderosa de ligação é usar palavras de ligação temporal. Estas palavras de indicação de tempo ligam o que é verificável com o que não é, através de uma indicação de tempo.

"SE ficares aqui me escutando TE relaxarás mais e mais..."

"Assim como você está me olhando e ouvindo o som da minha voz, você pode facilmente se sentir mais curioso sobre o que você vai aprender"

"Você pode ouvir o som de minha voz, quando eu falo, sentir a temperatura da sua pele enquanto entra cada vez mais profundo em transe"

"Gostaria de apresentar algumas ideias antes de você..."

"Enquanto você senta nesta cadeira, você pode começar a entrar em transe."

"Na medida em que você está sentindo a consistência do material, você vai pressentir o impacto que vai causar no seu pessoal."

c. CAUSA E EFEITO: *(faz, causa, força, provoca)*

A forma mais profunda e poderosa de ligação, declarando concretamente uma causalidade. Geralmente tem mais efeito quando a pessoa está em transe mais profundo. Inclui expressões Causa-Efeito do tipo: **faz..., causa..., força..., exige..., fará..., forçará..., causará..., requererá..., porque..., então..., como se..., enquanto você...** etc. Já que se trata de uma forte ligação, é a que tem mais chances de ser incompatibilizada com a experiência do seu Cliente. **Use Causa-efeito quando a pessoa já estiver em transe mais profundo e responder bem.** Algumas pessoas reagirão melhor a um tipo de ligação do que outras.

"O sentar aqui escutando fará com que tu relaxes"

"Quando sua mão tocar sua face, ela provocará em você um transe mais profundo."

Uma variação de Causa-efeito é o padrão **"Quanto mais... mais..."**

"Você continua a respirar, e cada expiração sua fará você ficar mais e mais relaxado."

"Quanto mais barulho você ouvir na outra sala, mais você estará propenso a entrar em um estado de devaneio profundo..."

"Quanto mais tensos estiverem seus músculos, mais rapidamente você poderá se relaxar e entrar em transe"

Você poderá usar qualquer coisa, até as consideradas como "resistência", e dizer que quanto mais X houver, mais ele fará o que você quer que ele faça.

d. EQUIVALÊNCIA COMPLEXA

Duas coisas são interligadas como se os seus significados fossem equivalentes:

"Vocês estão ouvindo a música e minhas palavras, e sentem seu corpo em contato com a cadeira, e isto significa que aprendizagens começam a acontecer..."

"Seus gerentes estão reclamando, e os relatórios saem atrasados e os resultados estão 10% abaixo do esperado. Isto significa que está na hora de parar para uma avaliação."

7) LEITURA DA MENTE

Agir como se soubesse qual a experiência interna da outra pessoa, usando padrões generalizados de linguagem. "Adivinhar" estados internos da pessoa fará com que você fortaleça seu rapport. Utilize algum comportamento da pessoa para intensificar o transe.

"Sei que estás pensando..."

"Tu estás se sentindo incômodo"

"Você deve estar curioso sobre o que vai acontecer..."

"Você pode estar se perguntando quando vai entrar mais profundamente em transe..."

"Talvez você esteja querendo saber..."

"Você pode estar se perguntando..."

"Você está começando a compreender quanto esta alternativa é valiosa..."

8) Execução Perdida

Ao observar alguma alteração no estado da pessoa (como respiração, descontração muscular, movimentos etc.) você pode se utilizar de uma Execução Perdida.

"Está certo..."

"Muito bem..."

"Está bem..."

Use o referencial perdido quando observar alguma mudança no estado da pessoa, como na respiração, em movimento etc.: **Isso..., Certo..., Está bem...**

"É bom que você possa relaxar com facilidade..."

"É certo que tomar decisões com antecedência ajuda no controle."

EXERCÍCIO I

Trios – 5' cada posição

Faça o exercício novamente, com grupos diferentes.

1. Agora o Hipnotizador utiliza os padrões de 1 a 8.

2. O meta-Hipnotizador deverá observar se o Hipnotizador usa os padrões que acabamos de examinar, e sussurra ao Hipnotizador aqueles que não estiverem sendo usados.

EXERCÍCIO II

Grupos de 3 – 7' total

Faça o exercício novamente, com grupos diferentes.

1. Duas pessoas deixam o grupo e ensaiam os padrões 1 e 2.

2. O que fica, ensaia os padrões 3 e 4.

3. Junta-se o grupo e num contexto qualquer se aplicam os padrões ensaiados até conseguirem bons resultados.

PARTE III – (PSEUDO) LIMITES DO MODELO DO LOCUTOR

9) QUANTIFICADORES UNIVERSAIS

Você pode usar estes padrões para acompanhar a maneira que a pessoa fala/pensa. Se o Sujeito usa muitos Operadores Modais e/ou Quantificadores Universais, sua indução será mais efetiva se você os usar também.

"É sempre fácil entrar em transe profundo... e você pode se sentir confortável..."

"É sempre fácil relaxar..."

"E todos os sons podem ser úteis para você."

"Cada ideia mostra a excelência do material."

10) OPERADORES MODAIS

"Você pode considerar esta como..."

"E você poderia pensar na possibilidade de..."

"Você não tem de relaxar no meu ritmo..."

EXERCÍCIO III

Grupos de 3 – 7' total

Faça o exercício novamente, com grupos diferentes.

1. Duas pessoas deixam o grupo e ensaiam os padrões 5 e 6.

2. O que fica ensaia os padrões 7 e 8.

3. Junta-se o grupo e num contexto qualquer se aplicam os padrões ensaiados até conseguirem bons resultados.

EXERCÍCIO IV

Grupos de 3 – 7' total

Faça o exercício novamente, com grupos diferentes.

1. Duas pessoas deixam o grupo e ensaiam os padrões 7 e 8.

2. O que fica ensaia os padrões 9 e 10.

3. Junta-se o grupo e num contexto qualquer se aplicam os padrões ensaiados até conseguirem bons resultados.

Padrões Adicionais do Modelo Milton

Além destas categorias de Metamodelo, o Milton modelo oferece outras categorias como listadas abaixo:

PARTE I – PRESSUPOSIÇÃO

São utilizados quando o comunicador pressupõe aquilo que ele não quer que seja questionado.

NUMERAIS ORDINAIS

Palavras que indicam uma ordem: **primeiro, segundo, terceiro, a outra** etc...

"É a PRIMEIRA vez que você entra em transe?" (Isto pressupõe que você esteja em transe agora, e que você irá entrar em transe de novo, no futuro).

"Então esta é a SEGUNDA vez que você vai assistir a este filme?" (Pressupõe que você já assistiu ao filme uma vez).

"Talvez você pergunte qual dos seus braços vai relaxar primeiro."

"Você pode escolher a outra maneira de organizar o tempo."

PREDICADO (EFEITIVO-CAUSANTE) OU PALAVRAS DE CONSCIÊNCIA

Um predicado que pressupõe a verdade do parágrafo que lhe segue. Exemplo: **Perguntar-se, saber, sentir, dar-se conta, notar, se dar conta, estar consciente,** etc.

"Me pergunto se você se deu conta que entrou num transe profundo"

"Você já observou a maneira como a sua mulher reage quando ela está numa casa que tem um banheiro com uma grande banheira?"

"Você já se deu conta de que começou a usar as pressuposições de uma maneira mais sistemática?"

"Você percebe que sua mente consciente já começou a aprender..."

"Não sei se você já notou o efeito especial que a pintura vai trazer à sua sala."

 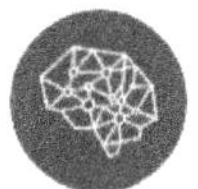

ADJETIVOS E ADVÉRBIOS

São palavras que atribuem qualidades e avaliações. Geralmente terminam em "mente". Ao usar essas palavras de avaliação e qualidade, tudo que vem a seguir é pressuposição.

"Naturalmente, você está gostando de aprender o Modelo Ericksoniano."

"Felizmente você poderá começar logo o exercício."

"Obviamente, você ainda não praticou o suficiente."

"Que FACILIDADE você tem de entrar em transe?"

"Você pode APRECIAR reexperimentar este recurso de maneira PLENA."

"Você está entrando em transe profundo?"

"O quanto facilmente você pode começar a chamar o pessoal?"

ADVÉRBIOS DE CONTRÁRIO

Felizmente, alegremente, necessariamente, *etc.*

"Felizmente você pode deixar que seu inconsciente faça a melhor escolha."

"Certamente esta é uma ótima solução."

PERGUNTAS FINAIS

Uma pergunta colocada no final de uma afirmação, com a intenção de diminuir resistências. Você sabe o que são perguntas finais, **não é?** *"Você consegue se sentir confortável, não é?"*

Perguntas finais são negações ou reversão no final da frase. Elas são muito úteis para desfazer as respostas de polaridade, tais como: ***"Sim, mas..."***

Você pode deslocar resistência de uma declaração colocando uma pergunta depois da declaração, não pode? A pergunta somada ao fim puxa a atenção de mente consciente que permite a outra informação na oração a entrar diretamente na mente inconsciente. "Isto está OK para eu fazer, não é?" Perguntas finais "socam abaixo" na mente inconsciente a sugestão contida na primeira parte da oração.

Exemplos:

- Não é?
- Você tém?
- Você sabe?
- Você/nós não é?
- Não são?
- Isso é certo?
- Eu não fiz?
- Não pode?
- Você Vai?

- Não vai?
- Não pode?

- Você não sabe?

- E você pode, não pode?

"Sabes o que eu penso, não é?"

"O vinho é muito bom, não?"

"Sabes o que estou ensinando, não é mesmo?"

"Ficar com a cabeça quente é pior, voe não concorda?"

"Você está pensando na melhor solução, não é?"

DUPLO NÓ

A estrutura fornece alternativas que dão a ilusão de escolha, mas mantêm o que o comunicador deseja. Ao utilizar a conjunção **"OU"** você desvia a atenção do consciente da pessoa para a escolha e pressupõe a ação desejada.

*"E você pode entrar agora em um transe **ou** daqui a dez minutos a partir de agora e eu não faço ideia de como você fará..."* Se sua mente inconsciente aceitar a pressuposição desta oração, você ou terá entrado já um transe ou você irá brevemente. O duplo nó tem uma pressuposição não dita contida dentro da oração. Pais parecem ter um talento natural de comunicar-se com duplo nó. *"João, quando você fará sua lição de casa? Antes deste programa de TV começar ou assim que ele terminar?"* *"Agora que você entrou em um transe que braço você deseja erguer?"* *Você deseja que seu braço direito se eleve ou seu esquerdo?"*

<table>
<tr><td>

Braço direito se elevará

Ou

Braço esquerdo irá se elevar

</td><td>

"Você deseja que seu braço direito se eleve ou seu esquerdo" dá escolha sobre qual braço se elevará, mas a pergunta pressupõe que UM braço elevará.

</td></tr>
</table>

Exemplos:

- *"Você quer começar **agora**, OU depois?"*

- *"Conforme você **sonha**, OU ao despertar..."*

- *"Ou **antes**, OU **depois**, de deixar este quarto..."*

- *"Quando você for para cama você **sonha**, OU não."*

- *"Você começará a mudar agora OU depois desta sessão?"*

- *"Você gostaria de deixar de fumar hoje OU amanhã?"*

- *"Você gostaria de comprar o carro agora, OU fazer o test drive primeiro?"*

- *"Você vai OU você não vai (seguido por um verbo não especificado)."*

- *"Ocupe todo o tempo que você precisa para acabar nos próximos cinco minutos."*

- *"Você pode mudar depressa OU tão lentamente quanto você queira agora."*

- *"Você gostaria de sentar nesta cadeira OU naquela?"*

- *"Você pode entrar em transe agora OU mais tarde?"*

- *"Você prefere levar o lixo para fora, OU lavar os pratos?"*

- *"Você quer ir para a cama com seu ursinho OU com a sua girafa?"*

- *"Você gostaria de comprar um carro vermelho OU um marrom?"*

- *"Na sua casa OU na minha?"*

- *"Não é certo para mim dizer ao seu inconsciente aprenda isto OU aprenda aquilo, deixe-o aprender da maneira que ele quiser, em qualquer ordem."*

- *"Eu posso preencher o pedido agora OU depois de você escolher o modelo certo."*

EXERCÍCIO IV

Grupos de 3 – 7' total

Cada pessoa será simultaneamente Hipnotizador, Meta-Hipnotizador do companheiro e Sujeito do outro grupo.

1. Duas pessoas deixam o grupo e ensaiam os padrões 5 e 6.

2. Os que ficam ensaiam os padrões 7 e 8.

3. Juntam-se o grupo e num contexto qualquer se aplicam os padrões ensaiados até conseguirem bons resultados.

EXERCÍCIO V

Grupos de 3 – 7' total

Cada pessoa será simultaneamente Hipnotizador, Meta-Hipnotizador do companheiro e Sujeito do outro grupo.

1. Duas pessoas deixam o grupo e ensaiam os padrões 9 e 10.

2. Os que ficam ensaiam os padrões 11 e 12.

3. Juntam-se o grupo e num contexto qualquer se aplicam os padrões ensaiados até conseguirem bons resultados.

EXERCÍCIO VI

Grupos de 3 – 7' total

Cada pessoa será simultaneamente Hipnotizador, Meta-Hipnotizador do companheiro e Sujeito do outro grupo.

1. Duas pessoas deixam o grupo e ensaiam os padrões 13 e 14.

2. Os que ficam ensaiam os padrões 15 e 16.

3. Juntam-se o grupo e num contexto qualquer se aplicam os padrões ensaiados até conseguirem bons resultados.

COMANDOS EMBUTIDOS

Erickson trabalhou como um mestre em dar as direções a mente inconsciente por comandos embutidos. Ele destacava uma palavra que ele queria que entrasse na mente inconsciente. Par dar tal comando e **marcar** as **palavras**, nós temos que baixar nosso tom e elevamos o volume da voz. ***"É possível você instruir a mente inconsciente de um cliente por comandos embutidos para melhorar, agora".*** É uma maneira de verificar quão responsiva está a outra pessoa. A

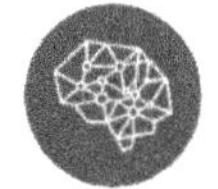

eficiência do Comando Embutido fica drasticamente acentuado, quando acompanhado de Marcação Analógica.

Para construir um comando embutido:

a)   Escolha um resultado simples: Quero fazer com que ela se sinta confortável.

b)   Transforme este resultado num comando simples: *"Sinta-se confortável"*.

c)   Embuta este comando em uma frase mais longa: *"Acho muito importante que você SE SINTA CONFORTÁVEL enquanto..."*

"Enquanto você está processando o que eu estou dizendo, é possível que você tenha curiosidade sobre sua habilidade de aprender e APRENDA COM FACILIDADE."

"O momento em que você COMECE A RELAXAR..."

"É possível que você faça SUA ESCOLHA..."

COMANDOS NEGATIVOS

Dar um comando negativo pode gerar uma resposta à parte afirmativa do comando.

*"Não se **DIVIRTA**, enquanto aprende os comandos negativos."*

Observe o que acontece quando você usa este tipo de comando. Você pode combinar os comandos negativos com comandos embutidos, fazendo a marcação destes comandos analogicamente.

"Não sinta prazer demais praticando comandos negativos."

"Nem pense em sair daqui."

"Não se incomode!"

"Não ouse fazer isso!"

"Não se esqueça de..."

"Não se sinta curioso demais."

"Não fique mais acordado do que você possa."

"Não sinta prazer demais praticando ordens negativas."

MARCAÇÃO OU RESSALTAÇÃO ANALÓGICA

Erickson destacava as palavras que ele queria entrar na mente inconsciente. **Destacar** recorre a enfatizar palavras específicas ou frases alterando a tonalidade. Dando estes comandos e destacando as palavras, abaixe seu tom e eleve o volume de sua voz. **É possível que você** instruir a mente inconsciente de um cliente por comandos embutidos para que **melhore, agora.** Marcação Analógica é a marcação de um comando simples analogicamente: com tom de voz, volume, visualmente, e até cinestesicamente. É o uso de modos de comunicação não linguísticos (analógicos) para identificar e separar a comunicação linguística em unidades de mensagens.

*"Uma vez conheci um homem que realmente **SABIA** como **SENTIR-SE BEM** sobre..."* Marcando "<u>sabia sentir-se bem</u>" com a tonalidade, o tempo, a inflexão, gestos, expressões.

*"Para que eu **LEVANTE** meu ânimo, quero ter certeza de que você me dê uma **MÃO, AGORA.**"* (<u>Levante mão agora</u>).

UTILIZAÇÃO E INCORPORAÇÃO

Erickson utilizou a utilização em seu potencial mais amplo. Ele usava tudo o que o cliente dizia. Ele usou todos os sons e incidentes na sala. Acompanhe a experiência corrente, o que for verificável. Utilize qualquer evento do ambiente ou comportamento da pessoa para aprofundar o transe ou intensificar o vínculo com o ouvinte. É a utilização de qualquer evento do ambiente e/ou comportamento da pessoa para aprofundar o transe. Exemplo:

"E enquanto o telefone toca... você pode entrar mais profundamente em transe."

"E enquanto você olha para estes catálogos, você pode ir escolhendo o modelo ideal."

"Enquanto você se ajeita a cadeira, você pode se relaxar cada vez mais confortavelmente."

"E não importa se o som é alto ou não... Por que ele pode ajudar a descobrir que aprendizagens você quer ter..."

Exemplos:

Cliente: "Eu não penso que eu sei..."

Médico: "Está certo, você não pensa que você sabe."

Cliente: "Eu não posso ser hipnotizado."

Médico: "Está certo. Você ainda não pode ser hipnotizado."

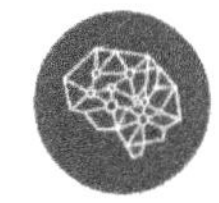

Cliente: "Eu não vou comprar."

Vendedor: "Está certo, porque você não fez ainda uma pergunta que o deixará comprar."

PRESSUPOSIÇÃO COMPORTAMENTAL

Como conseguir uma resposta usando apenas comportamento não-verbal, que pressupõe uma resposta.

a) Olhando para cima para conseguir com que outras pessoas também olhem

b) Olhando para a sua camisa, como se tivesse uma mancha nela, faz com que eles olhem também

c) Fazendo gestos em direção à porta, para indicar que a pessoa pode sair primeiro

PERGUNTAS EMBUTIDAS

Este padrão é muito útil para obter informações de maneira indireta ou quando se quer ajudar alguém a alcançar um estado. Também dá a você uma maneira de embutir uma questão dentro de uma afirmação. Mesmo sendo uma afirmação, a pessoa responderá como a uma questão.

a) Selecione a informação ou estado ao qual se quer ter acesso (ex.: objetivo do sujeito)

b) Pense em uma pergunta para conseguir a informação (*"O que você quer ganhar com a hipnose?"*)

c) Acrescente uma palavra de percepção no início, e transforme a pergunta em uma declaração. (*"Estou curioso em saber o que você quer ganhar com a hipnose?"*)

Isto fará com que a atenção fique concentrada no processo mental da **PESSOA QUE FAZ A PERGUNTA**, enquanto pressupõe a pergunta que você está fazendo.

De maneira geral, as pessoas responderão como se você tivesse feito a pergunta.

Frase Chave	➜	**Questão Embutida**
"Eu estou imaginando se você pode		*dizer-me o que você quer."*
"Eu estou curioso em saber se você		*vai mudar alguma coisa."*
"Eu me pergunto se você		*quer mesmo fazer isso."*
"Eu fico pensando se você pode		*pensar mais criativamente."*

Frequentemente, a pressuposição de uma ordem que serve para distrair o hemisfério dominante não requer uma resposta explícita.

X (Verbos Questionantes)	Se Y (me dou conta)	de Z...
Eu, você	me pergunto	sobre, se ou não
As pessoas	Perguntam	como, quando, porque
Alguém	está curioso	sobre quando...

"Me pergunto se sabes qual a mão que levantará primeiro"

"Tenho curiosidade de saber o que queres para ti mesmo"

"Estou curioso por saber qual seu objetivo."

"Fico pensando no que você veio fazer aqui."

"Eu me pergunto o que você deseja deste transe."

POSTULADOS CONVERSACIONAIS

A comunicação tem a forma de uma pergunta, cuja resposta literal seria "Sim" ou "Não", mas que elicia uma resposta típica. Este padrão permite que você embuta um comando dentro de uma questão. O resultado é, normalmente, que a pessoa responda como a um comando. É a forma interrogativa da pressuposição de uma ordem.

Um postulado conversacional leva a forma de uma pergunta de "operador modal" que é de fato um comando para fazer algo. A resposta requer um sim ou não como resposta. Porém, a pergunta parece evitar que o consciente note e crie dentro do inconsciênte um desejo para fazer algo sobre a declaração. Um exemplo clássico: *"Você pode fechar a porta?"* Ao invés de responder com um "sim" ou "não", a maioria de nós responde simplesmente fechando a porta. Tais perguntas evitam o autoritarismo.

"Podes escutar-me?"

"Sabes que horas são?" – *"Você tem horas?"*

"O telefone está tocando?"

"Sabe o que tem na televisão hoje?"

Quantas vezes você já disse este tipo de frase? Existem perguntas que não são perguntas de verdade. *"O telefone está tocando?"* é uma pergunta absurda, mas funciona para fazer com que alguém atenda o telefone.

Para se formular um Postulado de Conversação:

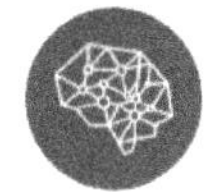

1) Escolha um objetivo que poderia conseguir de alguém: *"feche a porta".*

2) O que isto pressupõe? O que TEM que ser verdadeiro, para que alguém lhe dê o seu objetivo?

    a. A porta está aberta.

    b. Pode ser fechada.

    c. A pessoa pode fechar a porta.

3) Faça uma pergunta a partir destas pressuposições.

    A. "A porta está aberta?"

    B. "A porta pode ser fechada?"

    C. "A porta não está fechada?"

    D. "Você fechou a porta?"

Frase Chave	➜➜➜	**Comando**
"Será que você poderia		*me dizer o que você quer?"*
"Você pode		*me passar o livro?"*
"Será que você consegue		*pensar em respostas criativas?*

Mais exemplos:

- Você pode imaginar isto?
- Você apenas deixará ir agora?
- Você pode ver o que eu estou dizendo?
- Você pode alcançar o nível agora?
- Seria correto se sentir bem?
- Você sabe que você já conhece isto?
- Você poderia abrir sua mente por um momento?
- Conforme você pensa em quão facilmente você pode fazer isto?
- Você pode se lembrar de ser amável com você?
- O faça se sentir preparado para assinar o contrato agora?
- Você pensa que você pode fazer as mudanças que você quer?
- Você vai gostar... sente-se simplesmente aqui... e relaxe agora?

AMBIGUIDADE

A. DE ESCOPO

Quando não é possível determinar a que porções da sentença se aplica um adjetivo, um verbo ou um advérbio.

"falando a você como uma criança..."

"Os pensamentos e barulhos perturbadores..."

"O peso de suas mãos e pés..."

B. DE PONTUAÇÃO

Aqui existem três tipos de ambiguidades de pontuação. O primeiro envolve **correr-em-orações.** *"Eu quero que você note sua mão em meu livro." "Sobre seu braço eu vejo um relógio que o faz entrar em transe."*

A segunda forma envolve **pausas impróprias.** Esta forma de oração envolve tempos quando você começar um.... uh... oração e você nunca totalmente... uh... termina a... oração. Isto causa um forçado prestar atenção na leitura e se torna altamente indutora de transe. O terceiro tipo de ambiguidade de pontuação envolve uma **oração incompleta.**

Nesta forma você nunca termina uma oração e a começa totalmente... Você vai então para outra oração com um pensamento totalmente diferente.

Exemplos (correr-em-orações):

Duas sentenças estão juntas, sendo que uma mesma palavra termina uma sentença e começa a outra:

- *"Gostaria que você notasse como sua mão se* **sente nesta cadeira em transe."**

- *"Me deixe levar seu* **me dê a caneta.***"*

- *"Ela tem sardas no rosto dela* **eu gosto de qualquer maneira.***"*

Exemplos (pausas impróprias):

- *"Talvez você possa escolher uma... alternativa mais... própria."*

- *"Minha esposa me deixou... ir para São Paulo."*

- *"Eu estava procurando minha gravata... pensando nisto."*

Exemplos (frases incompletas):

- *"Você pode pensar numa maneira... Vamos olhar por outro ângulo."*

ESTRUTURAS MENOS INCLUÍDAS

"Me pergunto se você está totalmente cômodo?" (Pergunta indireta da pergunta: Você está completamente cômodo?)... *"Se você pode sentar?"* (ordem indireta de sentar-se).

 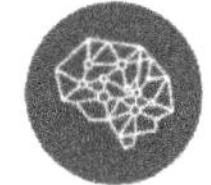

PREDICADOS TEMPORAIS

Exemplo: Era (passado), agora (presente), será (futuro), uma vez (inespecífico ou ambíguo), antes, depois, durante, desde que, enquanto, quando, etc.

"Você está contente AGORA."

"Enquanto você está entrando em transe..."

"Antes de você decidir o carro que quer, deixe-me falar sobre os novos tipos de financiamento."

"Você quer me ajudar a apagar as luzes, antes de ir para a cama?"

Use também os verbos e advérbios de tempo que indicam mudança de situação: começo, fim, pare, continue, já, ainda, não mais, terminar, iniciar, prosseguir, jamais.

"Você já deixou de bater na sua mulher?"

"Você pode continuar a sonhar com esta casa."

"Você já começou a aprender matemática!"

ACOMPANHAMENTO DA EXPERIÊNCIA ATUAL

Um meio poderoso de construir *rapport* (concordância) e induzir transe envolve o acompanhar a experiência atual do cliente fazendo declarações que simplesmente "concordam com e tem semelhança com" a experiência contínua deles. Acompanha a experiência da pessoa em um foco interno.

*"Você pode se sentir sentado em sua cadeira ou deitado... **E,** conforme você lê este material, você continua inspirando e expirando no princípio depressa e então conforme você **faz uma respiração profunda** você pode se tornar mais relaxado, **não vai**, agora? Os sons no quarto e esses fora dos quais você pode ouvir, e as palavras no meio da página que você pode se aprofundar mais e ainda mais profundo em transe."*

Claro que, notar os sons no quarto não tem nada a ver com relaxamento a menos que você uma os dois. Para nós falar com sua mente inconsciente, poderia dizer,

"Sim, agora que você mencionou isto, eu ouço sons e eu posso fazer uma respiração profunda e claro que, isto faz a próxima declaração sobre entrar muito em um transe mais acreditável."

Exemplos:

- Você ouve **minha** voz.

- Nós estamos neste grupo.

- Você desfrutará mais isto.

- Conforme você observa cada piscadela de seus olhos.

- Conforme você senta aqui agora você pode ouvir os sons externos...

- E você pode ouvir os sons internos...

- Você pode experimentar sendo banhado pela luz...

- Conforme você continua inspirando e expirando...

- Você pode se experimentar se aprofundando mais e mais profundamente em transe

PARTE II – PADRÕES NAS METÁFORAS

SELEÇÃO RESTRITIVA DE VIOLAÇÃO

A atribuição de qualidades a alguém ou a alguma coisa que, por suas características, não poderia contar com essas qualidades. Utiliza-se qualquer coisa que não tenha sensações/inteligência, e atribui-se sensações/inteligência a esta coisa.

"E o rochedo alegre cantou uma canção de amor."

"E a pedra, alegremente, comentou..."

"A cadeira ficará orgulhosa de..."

Este padrão serve de base para muitas metáforas. A pessoa poderá aceitar inconscientemente estas mensagens como se aplicadas a si mesmas. Você pode combinar este padrão com a marcação analógica, para ter certeza de que a pessoa aceita a mensagem.

Predicado é o nome de certa relação ou processo que neste caso está restrito no sentido que só se pode aplicar a certas pessoas.

"A planta de tomate pode sentir-se bem."

"A alegre cadeira suspirou de alegria."

Uma seleção restritiva de violação descreve uma oração com má formação que designa sentimentos a um animal ou algum objeto inanimado. *"Tenho pensamento sobre sua caneta, máquina de escrever, ou processador de textos? Simplesmente pense como muitas notas que tomou durante os anos. Quanto, eu desejo saber? Sabe mais que até mesmo você sabe." "O que leva perceber sua cadeira? Você não sabe que se cansa? Afinal de contas, levou seu peso por um longo tempo, não tem feito isto?"*

Exemplos:

- Minha pedra disse...

- As paredes têm ouvido.

- As flores gostam de ser escolhidas.

- Meu carro sabe chegar aqui.

- O que suas ações disseram a você?

- Você pode abrir sua mente por um momento e simplesmente escute o que a borboleta tem a lhe falar?

- Porque as palavras têm o seu próprio poder.

- E se sua caneta nos contasse todas as coisas que aprendeu.

- Meu carro ama ir rapidamente quando a estrada acenar.

- Às vezes os biscoitos simplesmente chamam você.

- Você sabe qual o pensamento da caneta?

- Estas paredes podem contar tais histórias.

CITAÇÕES

Localizar a ordem no contexto de uma citação (frase), seja direta ou indireta, de alguma outra pessoa, tempo, lugar ou situação. Elas dão a possibilidade de fazer uma afirmação, e atribuir a responsabilidade dessa afirmação a outra fonte.

Muitos oradores fazem uso extenso de citações. O uso de citações leva a atenção para longe do orador e serve para deslocar a mente consciente das informações que podem entrar na mente inconsciente. O ouvinte acessa um transe focalizando na citação conforme facilita um foco interno. O Jogo de citações leva para fora a nossa necessidade para fazer sentido as declarações.

INDIRETA:

*"Meus amigos me dizem que ME SINTA CÔMODO E QUE ME SOLTE **quando** nós saímos juntos."*

"Nossos gerentes têm afirmado que os projetos..."

"Ele chegou e disse: 'Decida isto agora'."

"Richard me disse que esteve certa vez com Erickson, que conversou com um cliente, que falou: 'Entre em transe... agora..."

DIRETA:

"Um Vez tive um paciente que me dizia: - 'Anne rasga o teu nariz'. Isso nunca teve muito sentido, porém ela dizia insistentemente: - 'Faça isso agora'."

Pode-se fazer uma indução inteira de transe usando-se aspas: *"Eu fui ver Milton Erickson, e a primeira coisa que ele me disse foi 'feche os olhos'."*

Citações são um ótimo padrão quando se quer tentar algo novo.

"Eu sei de uma pessoa que descobriu como sentir curiosidade sobre sua própria habilidade de aprender e melhorar sua qualidade de vida."

"Eu estava numa situação similar e um amigo me disse que eu poderia utilizar minha habilidade para aprender e aproveitar mais."

LINGUAGEM ORGÂNICA

Diz respeito ao uso de palavras que se referem a partes ou atividades do corpo.

Exemplos:

"Sai do meu pé!"

"isto é um pé no saco!

"Fico doente só de pensar!"

"Mulher com pé de papagaio, asa de galinha, e testa de afiar machado... bate no marido."

É útil observar que tipo de linguagem orgânica as pessoas usam. Em geral, declarações deste tipo serão acompanhadas dos sintomas correspondentes, já que processamos literalmente a linguagem no inconsciente.

O Modelo Ericksoniano e o Metamodelo

O METAMODELO	O MODELO ERICKSONIANO
Segmenta a linguagem para baixo, tornando-a mais específica	Segmenta a linguagem para cima, tornando-a mais geral
Move-se da estrutura profunda para a estrutura superficial, desafiando deleções, distorções e generalizações	Move-se da estrutura superficial para a estrutura profunda, gerando deleções, distorções e generalizações
Preocupa-se com trazer experiência e significado para o consciente	Preocupa-se com recursos inconscientes
Lida com os resultados de uma busca transderivacional	Provoca uma busca transderivacional
Lida com meios precisos	Lida com compreensões gerais
Acessa a compreensão consciente	Acessa recursos inconscientes

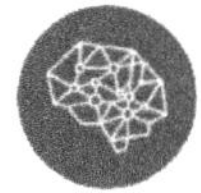

COLOCANDO TUDO JUNTO

"Eu sei que você está querendo saber... e é uma boa coisa querer saber... porque... isto significa... que você está aprendendo muitas coisas... e todas as coisas, todas as coisas... que você pode aprender... proporcionam a você novas descobertas, e novas compreensões. E você pode, não pode? Pode-se, você sabe. E é mais ou menos a coisa certa. Você está sentado aqui, escutando-me, olhando para mim, e isto significa que sua mente inconsciente também está aqui, e pode ouvir o que eu digo. E visto que este e o caso, você está provavelmente aprendendo sobre isto e já sabe mais no nível inconsciente do que você pensa, e não é certo para eu dizer a ele, aprenda isto ou aquilo, deixe-o aprender da maneira que ele quiser, em qualquer ordem. Você sente isto... é algo que você compreende? Porque, semana passado eu estava com Richard que me contou sobre seu treinamento em Denver, em 1983, quando ele falou para alguém que disse: 'Uma cadeira pode ter sentimentos...'."

EXERCÍCIO VII

Grupos de 3 – 7' total

Cada pessoa será simultaneamente Hipnotizador, Meta-Hipnotizador do companheiro e Sujeito do outro grupo.

1. Duas pessoas deixam o grupo e ensaiam os padrões 17 e 18.

2. Os que ficam ensaiam os padrões 19 e 20.

3. Juntam-se o grupo e num contexto qualquer se aplicam os padrões ensaiados até conseguirem bons resultados.

EXERCÍCIO VIII

Grupos de 3 – 7' total

Cada pessoa será simultaneamente Hipnotizador, Meta-Hipnotizador do companheiro e Sujeito do outro grupo.

1. Duas pessoas deixam o grupo e ensaiam os padrões 21 e 22.

2. Os que ficam ensaiam os padrões 23 e 24.

3. Juntam-se o grupo e num contexto qualquer se aplicam os padrões ensaiados até conseguirem bons resultados.

EXERCÍCIO IX

Grupos de 3 – 7' total

Cada pessoa será simultaneamente Hipnotizador, Meta-Hipnotizador do companheiro e Sujeito do outro grupo.

1. Duas pessoas deixam o grupo e ensaiam os padrões 25, 26 e 27.

2. Os que ficam ensaiam os padrões 28, 29 e 30.

3. Juntam-se o grupo e num contexto qualquer se aplicam os padrões ensaiados até conseguirem bons resultados.

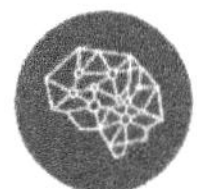

Técnicas Para Criar Estados Alterados

1. Estados de Consciência

Um estado de consciência é definido pelas percepções da experiência sensorial do que um indivíduo é conscientemente ou não, num determinado momento. Em outras palavras, QUE SISTEMA LÍDER (i.e., o sistema que recebe a informação sensorial) e QUE SISTEMA REPRESENTACIONAL (o sistema através do qual a informação faz sentido) um indivíduo utiliza. Para tanto, por exemplo, tocar um instrumento musical, produz um estado de consciência diferente que dar um exame de química.

1) **ESTADOS DE TRANSE:** O estado de transe constitui um grupo particular de estados de consciência, caracterizados pela imobilidade, atenção focalizada em experiências geradas internamente e frequentemente, dissociação de consciência.

2) **HIPNOSE:** É a arte e a ciência de assistir ao outro indivíduo para entrar num estado alterado de consciência: usualmente, mesmo que não exclusivamente, através de um estado de transe. A ferramenta primária do hipnotizador é a linguagem. O que segue é uma lista de modelos de linguagem utilizados por hipnotizadores em induções formais típicas:

   a. **CONEXÃO CASUAL:** Enunciados que empregam uma conexão casual direta entre dois eventos (usar palavras como: depois, durante, antes, ao, enquanto, quando, etc...). Por exemplo:

   "Ao respirar profundamente seus olhos começarão a fechar-se"

   "Depois de ter esta imagem clara, ser-lhe-á possível relaxar"

   "Fechar os olhos o fará entrar num transe mais profundo"

   "Quando minha mão tocar você, recordará algo de que tem pensado por muito tempo"

   b. **AMBIQUIDADES:** Enunciados ou ordens que tem muitos significados. estes podem ser usados para distrair ou interromper ou para comunicar mensagens a nível inconsciente. Por exemplo:

   1) **FONOLÓGICA** (palavras que soam parecido): *"Sua mão é uma parte e um aparte das sensações do resto do seu braço"*

2) **SINTÁTICA** (quando a função da palavra não pode ser unicamente determinada pelo resto da frase): *"Imagine as sensações de uma rocha em uma mão, convertendo-se nas sensações da outra mão"*

3) **PONTUAÇÃO** (onde duas orações se superpõem num lugar onde compartilham a mesma palavra). Por exemplo: *"Pode dizer-se quando sua olha minha mão cuidadosamente"*

4) **PRESSUPOSIÇÕES:** Um enunciado ou sugestão que já pressupõe alguma conduta na outra pessoa. Por exemplo: *"Quer entrar em transe agora, ou dentro de cinco minutos?"* (Se assume que vai entrar em transe, a questão é quando). *"Não entre tão rápido em transe agora"*

5) **ORDENS ENCOBERTAS:** Ao mudar sua voz apropriadamente, pode produzir uma ordem de enunciado que originalmente pareceria significar o contrário. Por exemplo: *"Não é necessário que feche os olhos e faça uma inspiração profunda"*

6) **METÁFORA:** Falar com alguém como se fosse outra pessoa ou uma coisa, pode ser uma maneira efetiva de comunicação inconsciente. Por exemplo: *"Quando era criança, minha mãe me contou um conto sobre um pequeno cordeirinho que ia numa viagem aprendendo muitas coisas novas"*

7) **MARCAÇÃO NÃO-VERBAL:** Reforço da voz, gestos com a mão e o braço, movimentos oculares, toques e outras expressões não-verbais, podem ser usadas para destacar partes significativas ou importantes numa comunicação aparentemente ordinária, ou para enfatizá-las (i.e., baixar a voz ao dizer "profundo"). Por exemplo: *"Ontem eu dizia a alguém que uma planta pode sentir-se profundamente cômoda"*

2. Mudança de Estado

É óbvio que mudar um estado de consciência implicará na alteração de um dos parâmetros que produzem este estado; isto é:

1) Sistema representacional primário

2) Focalização da atenção interna ou externa

3) Sistema líder

4) Processamento hemisférico

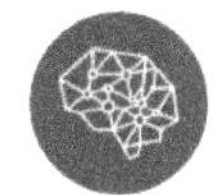

1) ACOMPANHAMENTO & CONDUÇÃO:

É, quem sabe, o modelo mais básico de comportamento usado no processo de alterar um estado de consciência.

a. **ACOMPANHAR** é o processo de reconhecer os componentes da consciência individual num determinado momento. Aumentar as capacidades e habilidades para acompanhar. Outro aspecto do acompanhamento é dar a pessoa feedback da informação recebida como um meio para estabelecer rapport. Este pode realizar-se através de qualquer sistema sensorial. Alguns exemplos poderiam ser: acompanhamento corporal, acompanhamento de predicados, acompanhamento de qualidades tonais, acompanhamento da respiração (com sua própria respiração, com sua mão ou com um balanço do corpo), acompanhamento dos sinais de captação, ou com "Meta-comentários" verbais sobre a conduta da pessoa.

b. **CONDUZIR** ou **LIDERAR** é o processo de começar a guiar a atenção e a conduta do outro, fazendo uso dos modelos linguísticos listados anteriormente. Por exemplo: *"E enquanto se dá conta de que eu posso ver seus olhos piscarem, ver como engole a saliva, com suas mãos descansando sobre os joelhos, pode começar a sentir-se mais adormecido".*

    i. **Conduzindo Predicados:** é o uso dos modos mais diretos para acompanhar e liderar. Ao escutar os predicados que um indivíduo usa para descrever sua experiência, alguém pode reconhecer o sistema representacional primário que utiliza para organizar suas percepções sensoriais. Ao igualar sistematicamente os predicados que o indivíduo usa, e logo usar os predicados que pertencem a diferentes modalidades sensoriais, você pode guiar a pessoa a fazer novas distinções sobre o meio.

Comumente, durante o processo de acompanhamento e liderança, uma pessoa pode alterar seu sistema líder em lugar de seu sistema representacional. Isso pode ser chamado é um estado de novo dar-se conta, no lugar de um estado alterado de consciência.

2) INTERRUPÇÃO DE PADRÃO OU MODELO

Provavelmente a maneira mais rápida de mudar o típico modo de raciocínio de um indivíduo é interrompê-lo diretamente. Existem várias maneiras de se fazer isso.

a. Bloquear um modelo de conduta é literalmente o processo de não deixar que o outro complete seu típico programa de conduta (como interromper um aperto de mão). Outros exemplos poderiam ser: interromper na metade de uma oração ou frase, falar com outra pessoa enquanto o sujeito está falando com você, interromper os acessos oculares, não responder apropriadamente a comunicação do outro, etc...

b. As técnicas de confusão têm um efeito óbvio. Muitas das técnicas de confusão envolvem o uso de tipos de ambiguidades já identificadas anteriormente. Por exemplo: na metade de uma frase, de repente se para e toca o sujeito várias vezes e em várias partes do corpo e diz: *"Quando você foi tocado mais vezes que a vez anterior a última vez que foi tocado?"*.

3) EXAGERAR OU AUMENTAR O MODELO

Uma repetição controlada de certos padrões de conduta pode ser um meio extremamente profundo de se alterar a consciência ou o sentido consciente de uma conduta. Bio-feedback e um mantra são dois exemplos desse processo. Exagerar os sinais de captação (tal como o ritmo e a postura respiratória) e as auto ancoragens (tais como gestos das mãos e tons de voz) podem ser extremamente efetivos. Habituação, desensibilização, expansão exponencial da resposta comportamental e uma resposta polar são todas reações possíveis para amplificar o modelo.

 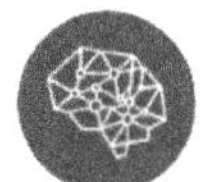

EXERCÍCIO X

Trios – 5-7' cada posição

1. Estabeleçam um contexto que seja relevante para vocês. Por exemplo, eu sou um corretor de imóveis, você um cliente.

2. O Hipnotizador A e o Hipnotizador B estão tendo uma conversa e pensam, individualmente, em conseguir um objetivo simples um do outro.

3. O meta-Hipnotizador então dá ao Hipnotizador A um tipo de pressuposição a usar, que então diz uma frase usando aquela forma de pressuposição para chegar ao resultado desejado. O Hipnotizador B identifica o que está pressuposto na frase.

4. O meta-Hipnotizador dá ao Hipnotizador B um tipo diferente de pressuposição.

EXERCÍCIO XI

Trios – 4' cada posição, e 1' para feedback

Utilizando a estrutura básica abaixo, o Hipnotizador levará o Sujeito para uma viagem interna de aprendizado, usando um ou todos os padrões hipnóticos que aprendeu.

1. Retorne a uma experiência do passado.

2. Dissocie as mentes consciente e inconsciente.

3. Aprenda mais. Volte atrás e verifique o que mais havia ali de interessante para se aprender.

4. O consciente agradece ao inconsciente.

5. O inconsciente dá ao consciente um sinal de confirmação.

6. Ponte ao futuro: onde e quando você vai querer ter este novo conhecimento?

AUTO HIPNOSE

TÉCNICA BETTY ERICKSON

Sente-se num lugar confortável.

Enuncie:

- 3 AFIRMAÇÕES VISUAIS
- 3 AFIRMAÇÕES AUDITIVAS
- 3 AFIRMAÇÕES CINESTÉSICAS
- 2 AFIRMAÇÕES VISUAIS
- 2 AFIRMAÇÕES AUDITIVAS
- 2 AFIRMAÇÕES CINESTÉSICAS
- 1 AFIRMAÇÕES VISUAIS
- 1 AFIRMAÇÕES AUDITIVAS
- 1 AFIRMAÇÕES CINESTÉSICAS

...sinta o braço e mão leves e sugestione para que esta suba até o rosto e quando o tocar você mergulhará num transe profundo.

MÉTODO DE AUTO-HIPNOSE

1. Sente-se num lugar confortável.
2. Feche os olhos e visualize-se em pé a sua frente a 1,5m, se olhando
3. Descreva para si mesmo, internamente, sua experiência
   a. *"Sinto tensão na minha sobrancelha direita, e quando a sinto ela começa a desaparecer."*
4. Depois que tiver trabalhado com todo o corpo faça a parte da levitação e indução para o transe profundo.

UTILIZAÇÃO

A fim de usar a auto hipnose com vistas a seu próprio desenvolvimento, dê a seu inconsciente um conjunto completo de instruções antes de entrarem em transe. Primeiro, decida qual dimensão de sua experiência é a que gostaria de alterar. Peça a seu inconsciente que reveja com VAK aquelas ocasiões em que você fez alguma coisa especialmente criativa e eficiente.

Peça que, ao terminar de fazer essa revisão em todos os sistemas, seu inconsciente extraia de tal revisão aqueles elementos de seu desempenho que são distintos e faça com que ocorram natural e espontaneamente com frequência maior em seu comportamento cotidiano, nos contextos apropriados.

ESTRATÉGIAS DOS ESTADOS ALTERADOS

TÉCNICAS INTRODUTÓRIAS

I. PRÉ-INDUÇÃO

1. DETERMINE O ESTADO ATUAL OU ESTADO PROBLEMA FORA DA CONSCIÊNCIA: **Identifique o sistema líder, o sistema representacional primário, o sistema representacional menos consciente, etc... (Use os ritmos respiratórios, tons e ritmo da voz e outros parâmetros de conduta neste processo).**

   a. Determine as possibilidades para conseguir estados alterados de consciência: **Por exemplo: inversão de estratégias representacionais, fazer conscientes representações inconscientes, etc...**

2. DETERMINE A META DESEJADA: **Identificar as condutas que o consultante desejaria agregar ao seu repertório de opções. Estas podem ocorrer em diferentes níveis de abstração, incluindo hábitos respiratórios, simples experiências de transe, controle do sofrimento, incorporação de uma nova estratégia, integração de opostos, alívio do sintoma, etc... Ancore o estado desejado.**

3. TENHA ACESSO AOS RECURSOS PESSOAIS: **"recursos" são representações de: a) Situações na história pessoal individual nas quais houve acesso a componentes de experiência desejada, ou contextos nos quais foi possível pegar aspectos da conduta desejada e, b) Como seria se a pessoa fosse capaz de ter as opções que deseja. É importante neste processo, assegurar uma representação completa em todos os sistemas sensoriais. O programador pode buscar âncoras durante este processo, ancorando juntas um número de experiências diferentes que** CONTENHAM VÁRIOS COMPONENTES DA EXPERIÊNCIA DESEJADA.

a. Tenha acesso e ancore experiências referenciais dos estados alterados de consciência e aprendizagem de condutas inconscientes. **Usualmente é útil ancorar experiências de referências de estados alterados de consciência do passado na mão na qual o programador deseja induzir catalepsia, de maneira que se provocará este estado ao levantar esta mão.**

4. RESSIGNIFIQUE QUALQUER RESISTÊNCIA **de maneira que todas as partes do consultante sejam congruentes, satisfatórias e desejosas de permitir experimentar um estado alterado e realizar a mudança desejada. É muito comum que esta seja a parte mais importante da indução e da terapia.**

II. INDUÇÃO
---

1. TENHA ACESSO AOS 4-TUPLES APROPRIADOS **para criar um meio propício para o transe e o aprendizado inconsciente. Isso se faz acompanhando o estado de consciência no qual se encontra o consultante e logo sistematicamente conduzindo-o para estratégias de conhecimento alteradas.**

   a. **Técnicas de acompanhamento, ordens encobertas, declarações causa-efeito, metáforas e quaisquer outros padrões verbais e não-verbais que possam servir como ambientação para se ter acesso aos 4-Tuples.**

   b. **Também contribuirão a uma rápida mudança de estado os padrões de interrupção de estratégias manifestadas neste momento. Também as técnicas de confusão e a indução dupla pode ser usada com este propósito.**

2. *DISPARE A ÂNCORA DE EXPERIÊNCIAS* REPRESENTACIONAIS DE ESTADOS ALTERADOS **(pré-indução 3) no momento apropriado e dê tempo para que a integração se produza. Por exemplo:** *"Permita que sua mão vá baixando somente tão rápido como você vai*

fazendo as mudanças necessárias para obter essas novas opções e acordos."

    a.   **Estabeleça uma ancoragem referencial de transe**

3. ANCORE VELHOS CONTEXTOS E SITUAÇÕES POSSÍVEIS NO FUTURO **com as novas opções e condutas** DURANTE AS SUGESTÕES PÓS-HIPNÓTICAS **(frases causa-efeito) ou passeio-ao-futuro.**

4. FAÇA UMA CONTAGEM E RETIRE O CLIENTE DO TRANSE.

SUGESTÃO PÓS-HIPNÓTICA

Sugestões pós-hipnóticas são aquelas feitas ao cliente, no final da sessão enquanto ele ainda está em transe, que se referem a sentimentos, comportamentos, ou memórias a serem recordados em algum contexto no futuro. As sugestões são conectadas a um evento físico que provavelmente estará presente no ambiente do cliente, por exemplo: Durante a próxima semana, em qualquer momento que você ouvir o telefone tocando, um cachorro latindo, e assim por diante. As sugestões pós-hipnóticas são feitas nos minutos finais da sessão ou menos. Seus efeitos raramente duram mais do que uma semana.

Elas são úteis para assegurar que a resposta desejada será integrada na vida cotidiana da pessoa, substituindo respostas improdutivas ou ausentes. Elas também podem ajudar o trabalho hipnótico nas sessões sugerindo-se que cada e toda vez que o cliente entrar em transe ele será capaz de ir ainda mais profundamente do que na vez anterior. Aqui o transe é o gatilho para a resposta. É importante lembrar que nós queremos que as aprendizagens adquiridas durante o trabalho de transe se generalizem para a vida cotidiana do cliente. As sugestões pós-hipnóticas facilitam esta possibilidade, caso contrário as aprendizagens ficariam limitadas ao estado de transe propriamente dito.

EXEMPLO:

Quando sua cabeça tocar no travesseiro, você flutuará para uma repousante noite de sono. Mesmo que acorde durante a noite, será apenas para notar que acordou, enquanto sua mente inconsciente lhe ajuda a flutuar novamente para um sono revigorante... sabendo que você acordará exatamente na hora certa para estar pronto(a) e preparado(a) para o dia seguinte.

AS METÁFORAS

"A metáfora talvez seja uma das mais proveitosas potencialidades do homem. Sua eficácia beira a magia, e parece um instrumento para a criação que Deus esqueceu dentro de uma de suas criaturas quando a fez."

— José Ortega Y Gasset

As doenças são mensagens, e elas são literais:

Quando os leucócitos caem: está dizendo que nós estamos deprimidos. O corpo (nós caímos).

Quando a pressão sobe: quer dizer que nós estamos nos apertando por dentro.

Quando temos diabetes: quer dizer que temos coisas amargas na nossa vida.

Asma: está abafado.

Alergia de pele: está queimando algo abaixo da pele

Comunicação Metafórica é muito mais poderosa que a simples comunicação

METÁFORA – A LINGUAGEM ORGÂNICA

PROBLEMAS DE PELE

- Teve de tomar alguma decisão dura?
- Está se coçando para conseguir alguma coisa?
- Acha que um relacionamento é uma questão de "pele"?

ÚLCERA, PROBLEMAS DE ESTÔMAGO

- Fica remoendo os seus problemas?
- Alguma coisa enjoa você?
- Há coisas que não consegue "engolir"?
- Aconteceu alguma coisa que foi como um soco no estômago?

DORES DE CABEÇA, PROBLEMAS NO PESCOÇO

- Muita gente lhe dá dor de cabeça?
- Você bate de frente com coisas ou pessoas?

- Está carregando o mundo nos seus ombros?

PROBLEMAS DE PESO

- Tudo o que faz é "pesado" para você?

- Seus problemas são muito "pesados"?

PROBLEMAS DE VISÃO

- Há alguma coisa que não queria "encarar"?

- Ou algo que não queira "ver"?

- Você "olha de lado" para as pessoas?

- O que lhe acontece nunca é claro para você?

PRISÃO DE VENTRE

- Está sempre se "segurando"?

- Tem de "segurar" as rédeas do que acontece ao seu redor?

- "Guarda" sempre os seus problemas dentro de você?

CORAÇÃO

- Há alguma coisa ou alguém que seja um "peso no seu coração"?

- Nunca faz as coisas com verdadeiro sentimento?

HEMORRÓIDAS

- Acha que deve sempre se reprimir, sem se abrir com os outros?

METÁFORAS & PSICOTERAPIA

Certos acordos prévios serão necessários para que algumas ideias aqui a serem apresentadas possam ser úteis para os terapeutas e para que estes se motivem a experimentar novas técnicas e recursos para adicionar ao seu repertório, levando à prática as indicações detalhadas aqui.

O termo metáfora supõe neste contexto a totalidade de "mapas" que compartilhamos como membros de uma cultura específica para apresentar diferentes "territórios" e também os "mapas" individuais que fazem com que uma pessoa expresse de maneira diferente a outra pessoa, suas sensações, percepções, ideologias, etc.

***"Uma mente encontra a definição de si mesma, não pela confrontação com 'coisas', mas pelas outras mentes. Estamos adaptados uns aos outros. Não estamos ajustados à realidade do 'mundo' e, sim, à realidade de outros pensadores"* (J. Pearce).**

A totalidade da comunicação humana intra e inter-pessoal afetiva, cognitiva e científica, a realizarmos mediante "figurações" ou "mapas" de "territórios".

> ***"A formação de metáforas da vida começa com o complexo processo de aprendizagem chamado 'socialização'; o que nos ensina a ver, ouvir e sentir, degustar e cheirar, como rotular e discutir é nossa realidade ou muito rápido passa a ser, fato que tanto nos reprime como nos liberta."* (S. Lankton).**

Sempre nos "referimos" à experiência apelando a cartografias construídas através de nossas histórias pessoais. Resulta útil, então, usar as propriedades formais da confecção de mapas para expandir os mapas dos pacientes e guiá-los para caminhos proveitosos para eles.

Na prática, é indispensável gravar uma entrevista completa com o paciente. Isso permitirá que ele se expresse com liberdade, aplicando, se for preciso, o meta-modelo para se especificar o problema e o estado desejado, ou alguma outra precisão que considere importante para a construção de metáforas.

Brevemente comentaremos os diferentes passos para ajudá-lo em sua primeira metáfora.

1. EXAMINAR O PROBLEMA. Separe o problema principal dos secundários ou gerais. Especifique qual é o estado desejado pelo cliente e suas possibilidades de consegui-lo tendo em conta seu contexto: Habilidade, tempo, etc.

 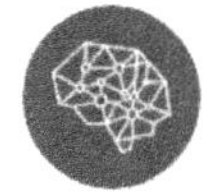

2. LOCALIZE OS SUBSTANTIVOS. Tome nota de verbos, advérbios e adjetivos.

3. LOCALIZE OS PREDICADOS. Tome nota dos verbos, advérbios e adjetivos.

4. SELECIONE O CONTEÚDO DA METÁFORA. O conteúdo metafórico que você criará deve surgir dos conteúdos da entrevista, na forma de representação e transformação dos conteúdos "reais" expressados pelo cliente, mantendo um sentido isomórfico.

5. CRIAR SUBSTANTIVOS. Serão transformações dos substantivos localizados anteriormente.

6. CRIAR PROCESSOS. Seguindo rotina igual, busque predicados verbais isomórficos com os localizados durante a entrevista.

7. INVENTAR A HISTÓRIA. Sua metáfora pode surgir as sequências da entrevista. Aqui é onde você usará todo o material transformado a partir do que foi expresso por seu cliente. Esta história deve conter dois aspectos fundamentais:

   a. Experiências de aprendizagem do cliente, habilidades inconscientes como aprendizagem de idiomas, de escrita, de caminhar, etc.

   b. Experiências de mudanças: férias, colégio, etc. cuidando que hajam sido confortáveis.

Conteúdos e processos devem ser similares e de maneira que cumpram um requisito de rapport, para primeiro igualar o mundo do cliente e depois conseguir conduzi-lo às mudanças de que se necessita. Uma história que não tenha em conta este conceito não conseguirá efeitos terapêuticos.

Para o problema principal, a metáfora estimulará zonas específicas; para os problemas gerais, usará uma linguagem ambígua para que o cliente complete conteúdos e processos com sua experiência. A história que você relatar não deve ser identificada pelo cliente como correspondente à sua (do cliente) pessoal; se assim for, o cliente processará conscientemente e apelará a soluções conscientes, as mesmas que fracassaram reiteradamente. Por outro lado, *"Quando a analogia se refere a associações engrenadas profundamente (automaticamente e, portanto, inconscientemente), mecanismos mentais e modelos de comportamento aprendidos,*

tende a ativar estas respostas internas e fazê-las disponíveis para resolver problemas."
(Erickson, Rossi – 1977)

Pode-se ler a metáfora ao cliente, dramatizando-a de maneira adequada. Por último, na história, expandir-se-á o sistema sensorial guia do cliente (visual, auditivo, cinestésico, etc.) para todos os sistemas que não o pareçam no material da entrevista. Em sessões posteriores, pode-se variar as metáforas até que o cliente consiga as mudanças esperadas, aquelas que foram desenhadas com este modelo, de maneira rigorosa.

Passos Para Estruturar Uma Metáfora De Mudanças

1. Examine o problema
2. Localize todos os substantivos **(gente, lugares, coisas)** no problema
3. Localize todos os processos **(verbos, advérbios e adjetivos)** no problema
4. Selecione o conteúdo da metáfora **(pessoa, animal, abstrato, etc.)**
5. Crie um substantivo na metáfora para cada substantivo no problema
6. Crie um processo na metáfora para cada processo no problema
7. Invente a história para proporcionar uma solução ou uma resposta desejada

CRIANDO UMA METÁFORA ISOMORFA

Trios – 30' cada posição – A = Sujeito, B = Programador, C = Meta-Programador

1. B descobre o estado atual (EA) e o estado desejado (ED) de A.

2. C registra as características, lugares, coisas, predicados, dinâmicas, padrões linguísticos, modos comunicativos, sistemas representacionais e padrões de submodalidades em ambos os estados – o presente e o desejado.

3. B e C selecionam um contexto apropriado, identificam o argumento e a tradução da metáfora.

4. Delimitar e multiplicar a metáfora de maneira que seja isomórfica como estado presente do Sujeito e que o leve através de estratégias de conexão ou pontes até o estado desejado. (Uma resolução do problema é necessária para completar uma metáfora básica).

    Para ajudá-lo a compor sua metáfora, pense nos contextos diferentes e suas conexões. Por exemplo:

    Em que se parece uma pessoa e uma casa?

    um cavalo?

    uma árvore?

    uma mariposa?

    Em que se parece uma família e a tripulação de um barco?

    um grupo de leões?

    Em que se parece um lugar de trabalho, a uma equipe de futebol?

    uma colmeia de abelhas?

    uma colônia de formigas?

    uma matilha de lobos?

    Quando um modo lento é o mais rápido?

    Quando mais é realmente menos?

    Qual é o exemplo de algo difícil que se converte em fácil?

CRIANDO UMA METÁFORA UNIVERSAL

Trios – 30' cada posição – A = Sujeito, B = Programador, C = Meta-Programador

Nota: Uma metáfora universal é aquela que descreve a solução a um problema comum da natureza humana.

João mantém a ideia que tinha quando ainda ia ao colégio onde só 10 e 9 eram notas aceitáveis. Seu terror às más avaliações tem uma intenção positiva, mas limita sua habilidade para arriscar-se, encontrar novos caminhos, novos amigos e aceitar novos trabalhos, ou aprender tentativas e erros.

Escreva uma metáfora para ajudar João a pôr-se em dia com respeito à sua parte que "se cuida" para permitir-lhe manter seu poder e encontrar auto aprovação no lugar de buscar a confirmação de seu valor pessoal desde os demais.

ESTADO ATUAL	RELAÇÃO	ESTADO DESEJADO
______________	Pessoa #1 se transforma em	______________
______________	Pessoa #2 se transforma em	______________
______________	Pessoa #3 se transforma em	______________
______________	Dinâmica da situação	______________
______________	Lugar / Ocupação	______________
______________	Hobbies / Objetos	______________
______________	Sistema Represent. Primário	______________
______________	Predicados	______________
______________	Submodalidades	______________
______________	Violação de Meta-modelo	______________
______________	Modo de comunicação	______________
______________	Ressignificação	______________
______________	Estratégia de conexão	______________
______________	Resultado Desejado	______________

METÁFORA

EXERCÍCIOS SOBRE O USO DE ANEDOTAS

TEMAS DA HISTÓRIA

Indução	Regressão ao óvulo
Autoconfiança	5 anos
* Engano	5 anos
Acreditar nos outros	7 anos
* Engano	7 anos
Domínio	10 anos
Imagem corporal positiva	15 anos
Orientação para exterior	18 anos
Autoafirmação positiva	21 anos
Lembranças de ter aprendido com os erros	Idade atual
Busca de aprendizado no futuro	Idade atual
Despertar	

QUESTÕES TERAPÊUTICAS

1. HISTÓRIAS TEMPORAIS PARA O PACIENTE REVIVER SUAS COISAS.

2. OBSERVAR O PACIENTE. OBSERVAR O PACIENTE. OBSERVAR O PACIENTE.

3. MANTER AS HISTÓRIAS INTERLIGADAS.

4. CONTAR UMA HISTÓRIA DE TRÊS MINUTOS.

5. TRABALHAR CONTRA A CATEGORIA DIAGNÓSTICA DE DESEQUILÍBRIO (*Out of Balance*)

6. CONTAR HISTÓRIAS USANDO:

    a. Categorias diagnósticas

    b. Operações seguras

    c. Os valores do paciente

7. TRABALHAR PARA MANTER O NÍVEL PERSUASIVO.

8. FALAR ALTO O SUFICIENTE PARA QUE TODOS OS ELEMENTOS DO GRUPO OUÇAM.

 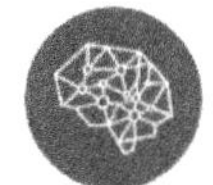

FEEDBACK

a) Por favor, trabalhe silenciosamente para não atrapalhar os outros grupos.

b) Obter *feedback* geral do paciente sem discutir o exercício em detalhes.

c) Você pode desejar enviar o paciente para fora da sala e dar um ao outro *feedback* específico.

RECONCILIAÇÃO DE OPOSTOS

PERGUNTAS PARA REUNIR INFORMAÇÕES

1. **Identifique as partes.**
2. **Como se vê esta parte?**
   Se ela tivesse uma forma, como se veria?
   Se pudesse imaginar uma forma, qual seria?
   2a. Quantos anos tem esta parte?
   2b. De que gênero é?
   2c. Tem um nome?
3. **Qual é sua opinião de você mesmo sendo esta parte?**
   3b. Qual é sua opinião sobre a outra parte? (Use o nome do outro lado.)
4. **Repita os passos 3 e 3b para o outro lado.**
5. **Qual é sua função na vida de...?**
   Qual é seu trabalho?
   O que está tratando de fazer para...?
   Para que está aqui?
   Qual sua intenção positiva?
   Comece seu relato com "Eu".
   Comece com a parte que está freando a pessoa.
6. **Faça o mesmo que na pergunta 5 para a outra parte.**
7. **Comece com a parte que quer mover-se para o futuro** (a parte que a pessoa sente ser mais positiva).
   Quais são seus atributos?
   Quais são seus pontos fortes?
   Quais são seus valores?
   Quais são suas boas qualidades?

   Assegure-se de que comecem usando a palavra "Eu".
   7b. Idem 7, exceto que se perguntam os atributos da outra parte.
8. **Idem 7 e 7b.** Comece com o outro lado.

PARTE I

*Marque com um círculo o modelo de
classificação que se aplica à parte*

Poder / Afiliação / Resultados

Ganha-Perde / Ganha-Ganha

Passivo / Assertivo / Agressivo

Saber como quer ter a possibilidade

É eficiente ou efetiva?

Real / Ganhador / Válido

Predicados: V A K

Ritmo do discurso:
Lento / Moderado / Rápido

Posturas: Checar ao final

Diferenças etárias significativas

Interno / Externo

Social / Informação

Si mesmo / Outros

PARTE II

*Marque com um círculo o modelo de
classificação que se aplica à parte*

Poder / Afiliação / Resultados

Ganha-Perde / Ganha-Ganha

Passivo / Assertivo / Agressivo

Saber como quer ter a possibilidade

É eficiente ou efetiva?

Real / Ganhador / Válido

Predicados: V A K

Ritmo do discurso:
Lento / Moderado / Rápido

Posturas: Checar ao final

Diferenças etárias significativas

Interno / Externo

Social / Informação

Si mesmo / Outros

PERGUNTAS PARA REUNIR INFORMAÇÃO

PARTE I

Descrição, idade, sexo

qual é sua opinião sobre você próprio?
eu...

qual é a sua opinião sobre a outra parte?

qual sua função na vida de...?

quais são os seus atributos?

quais são os atributos da outra parte?

PARTE II

Descrição, idade, sexo

qual é sua opinião sobre você próprio?
eu...

qual é a sua opinião sobre a outra parte?

qual sua função na vida de...?

quais são os seus atributos?

quais são os atributos da outra parte?

INTEGRAÇÃO DE PARTES EM CONFLITOS

1. Identificar o que se quer fazer e a parte que interrompe.

2. Calibrar e identificar lateralizações (direta/indireta).

3. Obter completa representação entre elas.

4. Estabelecer comunicação entre elas.

    a. Uma olha a outra e manifesta sua impressão (V), diálogo (A).

    b. Encontrar intenções positivas através da conduta manifesta.

    c. Encontrar recursos, habilidades que cada uma tem.

5. Criar uma imagem integrando ambas, enquanto as mãos se aproximam.

6. Checar a ecologia.

7. Pôr a imagem dentro de si.

8. O que acontece se isto deixar de funcionar?

ADICIONE UM RECURSO

Trios – 15' em cada posição

INSTRUÇÕES PARA O PROGRAMADOR

1) Identificação de um comportamento já satisfatório no sujeito.

2) Faça com que o sujeito atinja este comportamento e ancore (âncora #1).

    Quando o sujeito estiver neste estado, associado, ancore-o com um toque e calibre.

3) Quebre o estado.

4) Teste a âncora #1 e quebre o estado.

5) Identificação de recursos adicionais.

    Que tipo de recurso seria bom acrescentar ao comportamento, para que fique melhor ainda?

6) Ao atingir o estado de recursos, ancore (âncora #2).

7) Instale a âncora com um toque diferente e calibre.

8) Quebre o estado.

9) Teste a âncora #2 e quebre o estado.

10) Integração.

    "Com este recurso** [dispare a âncora #2]**, reviva aquele comportamento** [dispare a âncora #1]**, tendo este recurso adicional disponível para você."

11) Calibre o estado integrado.

12) Quebre o estado.

13) Teste a integração.

14) Dispare a âncora #1 e observe a reação.

    Se você perceber a resposta original em vez da resposta do estado integrado, volte atrás para re-ancorar o recurso adicional ou escolher um outro tipo de recurso, etc.

15) Ponte ao futuro.

 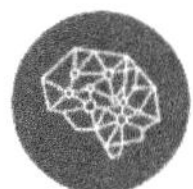

TÉCNICA DE DUPLA-DISSOCIAÇÃO / CURA DE FOBIA

PARA REALIZAR A TÉCNICA DE DUPLA-DISSOCIAÇÃO OU DE CURA DE FOBIA, SIGA OS SEGUINTES PASSOS:

1. **Estabeleça o rapport e faça duas ressignificações padrão:**

   - *"A maioria das pessoas aprenderam a ser fóbicas em uma situação específica que era, ou parecia ser, realmente perigosa no momento. O fato de você ter sido capaz de fazer aprendizagem rápida prova que o seu cérebro pode realmente aprender rapidamente. Esta habilidade facilitará o seu aprendizado de uma nova resposta."*

   - *"A parte de você, que criou a resposta fóbica, esteve protegendo você durante todos esses anos, é uma parte importante e valiosa e queremos preservar a sua habilidade em protegê-lo de situações que são perigosas. O que queremos fazer é atualizar suas informações para que ela possa fazê-lo melhor."*

2. **Se necessário, estabeleça uma âncora forte de sólido conforto.** Estabeleça uma âncora para o estado de "Aqui e Agora". Se a pessoa entrar em um lugar associado com o evento original, a âncora "Aqui e Agora" pode ser usada para trazer a pessoa ao presente.

3. **Peça para a pessoa que se lembre da última vez que a reação aconteceu.** (Frequentemente, a técnica de mudança da história pode ser necessária para entrar no evento original).

4. **Ancore o estado, interrompa o estado, então teste a âncora.**

5. **Peça ao sujeito que veja a cena que precede o incidente traumático em branco e preto – congelando então a imagem.**

   Calibre as mudanças comportamentais – respiração, postura, expressão facial, cor etc. – que acontecem quando se tem acesso **parcial** ao estado fóbico.

6. **Dupla-Dissociação.**

   - Ensine a pessoa a colocar aquela cena em uma televisão imaginária ou tela de cinema com todos os sentimentos auxiliares.

   - Peça ao sujeito que se imagine sentado no meio de uma sala de cinema, vendo na tela uma imagem parada, em preto-e-branco, de si mesmo.

- Agora, peça que ele se imagine saindo do seu corpo e indo para a sala de projeção (ou para uma cadeira no fundo da sala), de onde ele *"pode se ver sentado na plateia assistindo a imagem fixa em preto-e-branco na tela."*

- Indique com as mãos claramente os 3 diferentes lugares. Mesmo que o sujeito esteja com os olhos fechados, os gestos vão ajudar você a marcar com o tom de voz cada posição. Assim haverá agora três posições: (1) Posição na tela, (2) Posição na plateia (3) Posição na sala de projeção

7. **Âncora este estado desassociado.**

Quando a dissociação estiver completa, ancore e **certifique-se de ter acesso a esta âncora.**

8. **Passar o filme em preto-e-branco.**

- Peça à pessoa que continue na cabine de projeção e se veja na plateia assistindo um filme em preto-e-branco do acidente traumático e que congele a cena quando o filme terminar.

- Diga para a pessoa que percorra a cena até que ela aprenda algo novo ou algo que previamente não se lembrava, desta perspectiva. Quando a pessoa reconhecer isto, continue o Passo 9.

- Caso você perceba sinais da resposta fóbica, dispare a âncora de dissociação.

- Diga para a pessoa que diga com o seu Eu mais jovem na tela, declarando: ***"Eu sou de seu amanhã e isto é o que eu aprendi...."*** A pessoa deve então falar para criar e confortar o Eu mais jovem. A pessoa deve aceitar o Eu mais jovem como parte da existência presente e trazer a nova aprendizagem ao presente.

- (NOTA: Uma modificação que prova ser muito efetiva é ancorar um estado tranquilo e relaxado antes do estado desassociado e ativar aquela âncora conforme a pessoa conforta o Eu mais jovem.)

9. **Rebobinar o filme.**

- Para adicional solidificação do estado desassociado, faça a pessoa rebobinar rapidamente a cena do filme, enquanto faz a

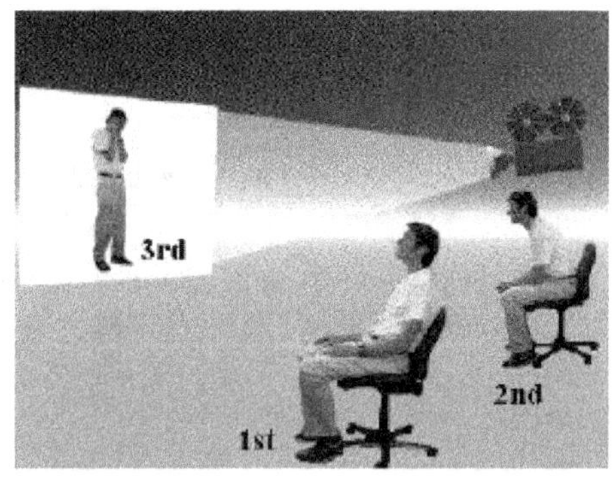

 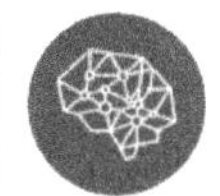

cena menor e menor. Enfrente o contraste até que a cena se torne um ponto pequeno, então faça-a levar o pequeno ponto para fora no espaço.

- Peça ao sujeito que coloque cores na imagem congelada da última cena; que saída da sala de projeção para a plateia (aqui se integram a posição da sala de projeções com a posição da plateia).

- Agora peça ao sujeito que vá à tela e ENTRE na imagem fixa final (re-associe), passando o filme daquela experiência do final para o início em cores, no máximo em 2 a 3 segundos (emitindo um som que indique a duração).

10. Teste.

- Tente fazê-lo entrar no estado fóbico, de alguma forma.

- Observe a resposta não-verbal e compare-a com o que você calibrou anteriormente.

- Caso ainda receba a resposta fóbica, descubra como a pessoa poderia não ter seguido suas instruções de maneira correta (a pessoa pode ter colocado ou tirado algumas das etapas): *"O que aconteceu quando você fez tal coisa?"* Se ainda tiver, mesmo que só uma parte da resposta fóbica, faça-o repetir o procedimento de forma exata, porém de maneira mais RÁPIDA a cada vez, até que todas as respostas fóbicas desapareçam.

11. Ponte ao Futuro.

12. Conclusão.

- Durante o período em que o sujeito esteve fóbico, ele pode ter se mantido afastado dessas situações específicas de forma que não tenha tido meios ou oportunidades de aprender sobre elas.

- *"À medida que você começar a encontrar e explorar estas situações no futuro, quero que você tenha um certo cuidado até que aprenda mais sobre elas."*

PRECAUÇÃO

Ao remover uma fobia, como precaução, deve ser observado que a pessoa está segura e que o medo não servia como uma função protetora. Se o medo servir como uma função protetora, novas estratégias de aprendizagem apropriadas têm de ser instaladas.

DISTINÇÕES ADICIONAIS DE COMO ELIMINAR FOBIAS

1. **Mude o frame de tempo do cliente.**

Quando uma pessoa aprendeu a ter respostas fóbicas pensa na sua experiência, ela normalmente sente como se estivesse num lugar de perigo. Experimenta intensos níveis de dor potencial. Assim, se você a levar de volta antes do evento ter acontecido, para um tempo quando ela estava segura e se sentia emocionalmente segura, ela não terá nenhuma dor. Se você a leva então ao fim do evento e ela fez isto através da situação, e se sentiu segura uma vez mais, isto lhe dará uma referência de começo seguro antes e depois da experiência.

2. **Faça a pessoa se desassociar da sua memória.**

Lembre-se que são as imagens, sons, cheiros ou outras representações que ela usa no passado que foram tão poderosas que ela ativou uma resposta automática. Nós precisamos demolir o poder disto através da dissociação. Consiga que ela se veja em outro tempo ou lugar. A disposição tradicional que nós utilizamos é uma cena de um filme no teatro onde ela pode fazer as recordações de suas experiências mais confortavelmente projetando-as sobre a tela onde ela **obtém um pouco de distância** delas. Isto faz uma dupla-dissociação onde ela está se vendo sobre a tela.

3. **Em seguida, faça uma tripla dissociação.**

Faça com que ela flutue para cima e para dentro da sala de projeção onde ela possa olhar para baixo e se ver a si mesmo no teatro assistindo a cena na tela.

4. **Ancore esta tripla dissociação.**

Se a pessoa começa a entrar no estado fóbico, você pode tirá-la imediatamente dele, ativando a âncora e fazendo-a sentir-se novamente segura e confortável.

5. **Comece o processo de interrupção de padrão.**

Faça primeiramente que a pessoa veja um quadro imóvel na tela na qual ela se veja protegida e segura antes dos eventos acontecidos. Então faça-a se ver depois, e novamente o estado de segurança e proteção. Isto lhe dará um lugar para começar – um começo e término – para a memória dela. Também a lembrará que ela fez isto pela experiência.

Agora volte à primeira imagem logo antes do evento ter acontecido. Tenha certeza de que a imagem está na tela, ela está desassociada disto, e ela é a roteirista que se vê se assistindo na tela. Detone as âncoras positivas – dissociação, conforto e associação. E faça-a acrescentar movimento à imagem agora. Faça-a passar por toda a memória até que ela esteja de volta a um estado que se sinta segura.

Tenha certeza que depois de ela se sentir bem novamente, saiba que terminou. Então faça-a correr as imagens de um lado para outro, mais rápido e mais rápido, mude as cores, formas, sons e vozes etc., até que a imagem seja desfeita (*scrambled*).

6. Faça um teste de comportamento.

Faça-a pensar na situação agora usando o que lhe fazia ter uma fobia e observe que ela já não tem a mesma resposta padronizada. Ela aprendeu a unir novas sensações e emoções. Ela não só misturara as velhas emoções, mas ela aprendeu a unir novas sensações. Se você fizer isto com humor, ela unirá prazer ao percorrer o filme com um novo significado, este é o filme que ela quererá ver quando ela pensar no elevador, na ponte, nos cães, na cobra, ou em tudo que ela teve uma fobia no passado.

CURA RÁPIDA DE FOBIA

Trios – 15' cada posição

1. **Estabeleça o rapport e faça duas ressignificações padrão:**
   - *"A maioria das pessoas aprendeu a ser fóbica em uma situação específica que era, ou parecia ser, realmente perigosa no momento. O fato de você ter sido capaz de fazer aprendizagem rápida prova que o seu cérebro pode realmente aprender rapidamente. Esta habilidade facilitará o seu aprendizado de uma nova resposta."*
   - *"A parte de você que criou a resposta fóbica esteve protegendo você durante todos esses anos, é uma parte importante e valiosa e queremos preservar a sua habilidade em protegê-lo de situações que são perigosas. O que queremos fazer é atualizar suas informações para que ela possa fazê-lo melhor."*
2. **Se necessário, estabeleça uma âncora forte de sólido conforto.**
3. **Peça ao sujeito que veja a cena que precede o incidente traumático em branco e preto –** congelando então a imagem.
   - Calibre as mudanças comportamentais – respiração, postura, expressão facial, cor etc. – que acontecem quando se tem acesso **parcial** ao estado fóbico.
4. **Dupla-Dissociação.**
   - Peça ao sujeito para que se imagine sentado no meio de uma sala de cinema, vendo na tela uma imagem parada, em preto-e-branco, de si mesmo.
   - Agora, peça que ele se imagine saindo do seu corpo e indo para a sala de projeção (ou para uma cadeira no fundo da sala), de onde ele *"pode se ver sentado na plateia assistindo a imagem fixa em preto-e-branco na tela."*
   - Indique com as mãos claramente os 3 diferentes lugares. Mesmo que o sujeito esteja com os olhos fechados, os gestos vão ajudar você a marcar com o tom de voz cada posição. Assim haverá agora três posições: (1) Posição na tela, (2) Posição na plateia (3) Posição na sala de projeção
   - Quando a dissociação estiver completa, ancore e **certifique-se de ter acesso a esta âncora.**
5. **Passar o filme em preto-e-branco.**
   - Peça à pessoa que continue na cabine de projeção e se veja na plateia assistindo um filme em preto-e-branco do acidente traumático e que congele a cena quando o filme terminar.
   - Caso você perceba sinais da resposta fóbica dispare a âncora de dissociação.
6. **Rebobinar o filme.**
   - Peça ao sujeito que coloque cores na imagem congelada da última cena; que saia da sala de projeção para a plateia (aqui se integram a posição da sala de projeções com a posição da plateia.

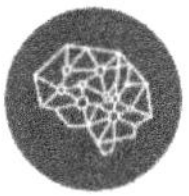

- Agora peça ao sujeito que vá à tela e ENTRE na imagem fixa final (re-associe) passando o filme daquela experiência do final para o início em cores, no máximo em 2 a 3 segundos (emitindo um som que indique a duração).

7. **Teste.**
   - Tente fazê-lo entrar no estado fóbico, de alguma forma.
   - Observe a resposta não-verbal e compare-a com o que você calibrou anteriormente.
   - Caso ainda receba a resposta fóbica, descubra como a pessoa poderia não ter seguido suas instruções de maneira correta (a pessoa pode ter colocado ou tirado algumas das etapas*): "O que aconteceu quando você fez tal coisa?"* Se ainda tiver mesmo que só uma parte da resposta fóbica, faça-o repetir o procedimento de forma exata, porém de maneira mais RÁPIDA a cada vez, até que todas as respostas fóbicas desapareçam.

8. **Ponte ao Futuro.**
9. **Conclusão.**
   - Durante o período em que o sujeito esteve fóbico, ele pode ter se mantido afastado dessas situações específicas de forma que não tenha tido meios ou oportunidades de aprender sobre elas.
   - *"À medida que você começar a encontrar e explorar estas situações no futuro, quero que você tenha um certo cuidado até que aprenda mais sobre elas."*

RECURSOS DE MELHORIA: SOLUÇÕES DE EXPERIÊNCIAS TRAUMÁTICAS

1. Identifique o trauma.

2. Faça com que a pessoa encontre a parte da experiência que foi a mais traumática.

3. Faça que a veja em forma de filme (Dissociada).

4. Faça com que corra o filme escolhendo **SOMENTE** o momento no qual teria sido significativo se alguém importante estivesse ali, somente para ela, de qualquer maneira que fora apropriada para ela. (Para prepará-la, diga: *"Você sabe que, de verdade, existe somente uma pessoa que realmente sabe como foi para você, que realmente compreende o que sucedeu e o que você necessita."* Usualmente ela dirá que é ela mesma.)

5. Faça com que a pessoa tal como é e com todos os recursos que tem hoje, se incorpore na cena e vá até este eu mais jovem e o faça saber que ela vem do seu futuro e que ela está ali só para ela... **AGORA** dê o que ela necessita.

6. Quando ela estiver reconfortada ou com todas as informações que necessitam, realizar a integração.

7. Faça-a chegar fazendo a cena correr novamente, pensando de novo sobre a experiência.

LEMBRE-SE: Em geral, a solução de experiências traumáticas se usa em casos de morte, para dar consolo, em acidentes, em situações de divórcio etc. O que uma pessoa experimenta como trauma pode ser diferente ao que você pressupõe. As pessoas, frequentemente, se sentem sozinhas e desamparadas. Você lhe dá a oportunidade para que saiba que não está só, que ela tem sempre a si própria.

Em casos de raptos ou situações traumáticas muito horríveis, a pessoa, às vezes, precisa levar ao seu passado, outra pessoa para assegurar-se de seu retorno. **Um trauma frequentemente se generaliza para outras áreas.**

Criação de Uma Nova Parte

1. **Identifique o resultado desejado, a função da parte.** *"Quero uma parte que consiga X."*

2. **Capte todas as experiências passadas de você fazendo X ou coisa parecida.** Entre em todas elas e capte todos os aspectos da realização de X ou de partes disso. Passe todas as recordações pelos três sistemas representacionais.

3. **Crie um conjunto detalhado de imagens de como você se comportaria** se estivesse realmente demonstrado aquilo que esta sua parte irá conseguir que você faça para atingir o resultado X:

    a. Primeiro, crie um filminho construído visual e auditivo, dissociado.

    b. Quando você vir uma sequência toda com a qual se sentir satisfeito, entre na imagem e refaça toda a sequência de dentro, sentindo como é fazer tais comportamentos.

    c. Se você não se sentir satisfeito, volte à 3ª e modifique o filminho. Faça isto até que você se sinta satisfeito com a fantasia, vivida tanto de fora quanto de dentro.

4. **Teste ecológico:** *"Alguma parte objeta a eu ter uma parte que se encarregará de tornar esta fantasia realidade?"* Assegure-se de verificar em todos os sistemas representacionais para encontrar todas as partes que objetam. Para cada parte que objetar:

    a. Peça à parte para intensificar o sinal para "sim" e diminuí-lo para "não".

    b. Pergunte: *"Qual é sua função para mim?" "O que você faz por mim?"*

    c. Se a função não lhe disser qual é a objeção da parte, pergunte: *"Qual é especificamente sua objeção ou preocupação?"*

    d. Faça uma lista escrita completa de todas as partes que objetam e de suas funções respectivas.

5. **Satisfaça a todas as partes que objetam** (Satisfação das Condições de Boa Formação)

    a. Redefina a parte que você está criando para levar em conta todas as funções e preocupações das partes objetantes.

b. Volte ao passo 3 e faça uma nova fantasia ou modifique a antiga, a fim de satisfazer as preocupações de cada parte que levantou objeções.

c. Verifique com todas as partes para ter certeza de que todas estão satisfeitas com o fato de esta nova representação de comportamento da parte nova não interferir com suas funções.

6. **Peça a seus recursos inconscientes que analisem a fantasia extraindo dela seus ingredientes essenciais.** Seu inconsciente deve usar esta informação para construir uma parte e dotá-la de entidade.

    "Pegue daquela fantasia o que for preciso para conseguir criar uma parte em você que possa fazer isto de modo singular e fácil, e em qualquer momento que seja necessário."

7. **Teste a parte para ter certeza de que se encontra ali:**

    a. Volte-se para seu interior e pergunte.

    b. Faça repetidos acompanhamentos de futuro.

    c. Envolva comportamentalmente a parte, a fim de descobrir se ela reage de modo apropriado.

MUDANÇA DE HISTÓRIA PESSOAL

UM CLÁSSICO

Grupos de 3 – 15' em cada posição.

Instruções para o Programador.

1. **Identifique o estado limitante.**

   - Um estado experimentado repetidamente num contexto similar, ou uma resposta a um estado emocional.

   - O sujeito pode passar ao estágio 2, antes que você o peça.

2. **Acesse o estado limitante.**

   - Calibre os sinais e ancore (âncora #1).

3. **Quebre o estado.**

4. **Teste a âncora #1** e quebre o estado.

5. **Identifique o(s) recurso(s) que o Sujeito considera útil(eis) para que aquela experiência fosse mais satisfatória e mais de acordo com o potencial dele.**

6. **Acesse os estados de recursos e ancore** (âncora #2).

   - No momento em que o sujeito tiver acesso ao recurso, associadamente, ancore-o com um toque diferente e calibre-se com este estado.

   - Caso haja vários recursos faça uma pilha de âncoras.

7. **Quebre o estado.**

8. **Teste a âncora #2** e quebre o estado.

9. **Integre as âncoras #1 e #2.**

   - *"Com este(s) recurso(s)* [dispare a âncora #2], *reviva aquela situação* [dispare a âncora #1] *e descubra o que acontece se tiver este(s) recurso(s) disponível(eis) para você..."* espere e perceba o que acontece ao reviver a velha experiência de outra maneira *"...Faça-me saber quando estiver pronto."*

   - Calibre o estado resultante da integração dos dois estados.

10. **Quebre o estado.**

11. **Teste de integração.**

- Dispare a âncora #1 ou pergunte sobre a lembrança do problema e observe a reação do sujeito.

- Caso esta reação corresponda ao estado problemático, e não ao da integração, volte ao passo 9 ou ao passo 5.

12. **Ponte ao futuro.**

- *"Pense na próxima vez que você se verá face a uma daquelas situações no futuro."*

ANCONRANDO TRÊS ESTADOS

Grupos de 4 – 5' cada posição

As instruções são dadas para o Programador 1

1. **Eliciar três estados diferentes no Sujeito, por exemplo:**

    a.   Uma experiência sensual,

    b.   Habilidade nos esportes e

    c.   Uma ótima surpresa

    *   Para cada estado eliciado, ancore com um toque em locais diferentes do sujeito, de modo que o programador 2 não possa ver.

    *   O Meta-Programador observa se o Programador 1 está conseguindo bons acessos e ancorando de forma limpa.

2. **Dispare uma âncora de cada vez, enquanto o Programador 2 observa o sujeito e diz se você está disparando o estado (a), (b) ou (c).**

    *   Continue até que o Programador 2 consiga acertar 4 vezes em seguida.

PONTE AO FUTURO

1. Selecione a tarefa

    Pense em algo que você precisa fazer no futuro

2. Decida

    Quando e onde é o melhor lugar/momento para fazê-lo?

3. Escolha uma pista

    Qual seria o único estímulo com o qual se poderia contar naquele momento específico (e não em outros lugares ou momentos)?

4. Ponte ao futuro

    Faça a representação do estímulo em todos os sistemas e faça a ligação deste, com a representação do que você deseja fazer (também em todos os sistemas)

PISTA		TAREFA
V	→→→	V
A	→→→	A
K	→→→	K

Dissociação – Calibração – Encadeamento

Instruções para o Programador
Grupos de três – 5' cada posição

1) Eliciar a dissociação

"Imagine-se em um cinema vendo um filme de você mesmo passando na tela."

2)   CALIBRE E ANCORE ESTE ESTADO

Quebre o estado
TESTE

3)   Dispare a âncora de dissociação

4)   Observe a evidência sensorial do estado dissociado

Quebre o estado
Evoque um estado limitador ou de bloqueio
Encadeie para a dissociação

5)   Logo que o Sujeito comece a ter acesso ao estado de bloqueio, dispare a âncora de dissociação

6)   Procure evidências sensoriais

Quebre o estado
TESTE

7)   Preste bem atenção para ver se o acesso inicial ao estado de bloqueio leva-o automaticamente ao estado dissociado

Deste ponto você tem quatro alternativas

ALTERNATIVA 1 – TRANSFERÊNCIA DE COMPORTAMENTO

Mesmo grupo de 3 – 10' cada posição

8) Selecione um estado de recursos ou comportamento

9) Assista a si mesmo atuando com o comportamento selecionado no contexto da situação problema

10) Verificação ecológica

"E isto que você deseja?"
"Acha isto satisfatório?"
Se não for o caso, faça a reciclagem, voltando ao passo n° 9

11) Associar-se

Verifique se o Sujeito está num estado de mais recursos.
Se NÃO for o caso, volte para o passo n° 9
Se SIM, continue...

12) Verificação ecológica

"Você ainda deseja ter aquele comportamento nesta situação?"
Se NÃO, volte ao passo n° 9 ou 10 e reveja o comportamento, ou selecione um novo comportamento

13) TESTE

Tenha certeza de que o estado de bloqueio se encadeia para o comportamento de recursos

14) Ponte ao futuro

"Que situação, no futuro, poderia gerar aquele estado de bloqueio?"
Faça agora um "último ensaio" de como é ter esta nova experiência

ALTERNATIVA 2 – "COMO SE"

Mesmo grupo de 3 – 10' cada posição

Refaça rapidamente a Estrutura de Encadeamento do estado de bloqueio para a dissociação, com OUTRO estado de bloqueio

8. **Estrutura "COMO SE"**

   Como seria se a pessoa se visse agindo como se fosse capaz de lidar facilmente com tal situação

9. **Veja o novo comportamento dentro do contexto**

10. **Verificação ecológica**

    "Você realmente deseja incorporar estes novos comportamentos dentro deste contexto?"

11. **Associar-se**

12. **Verificação ecológica**

13. **TESTE**

14. **Ponte ao futuro**

ALTERNATIVA 3 – GERADOR DE NOVOS COMPORTAMENTOS

Mesmo grupo de 3 – 10' cada posição

Refaça rapidamente a Estrutura de Encadeamento do estado de bloqueio para a dissociação, com OUTRO estado de bloqueio

8. **Selecione um modelo**

   a. *"Pense em outra(s) pessoa(s) que consiga(m) lidar muito bem com este tipo de situação"*

   b. *"Veja esta pessoa tendo diversos comportamentos naquele contexto problemático"*

   c. *"Escolha um dos comportamentos que você pense ser o mais apropriado para o contexto em questão"*

   CONTINUE COMO ANTES, COM OS PRÓXIMOS PASSOS

9. **Veja o comportamento dentro do contexto**

   "Veja e ouça a si mesmo tendo aqueles comportamentos eficientes dentro daquele contexto"

10. **Verificação ecológica**

11. **Associar-se**

12. **Verificação ecológica**

13. **TESTE**

14. **Ponte ao futuro**

ALTERNATIVA 4 – PSEUDO-ORIENTAÇÃO TEMPORAL

Mesmo grupo de 3 – 10' cada posição

Refaça rapidamente a Estrutura de Encadeamento do estado de bloqueio para a dissociação, com OUTRO estado de bloqueio

8. Pseudo-Orientação temporal

    "Agora estamos em [data no futuro] *e você pode olhar para o passado para aquela situação que aborrecia você. Como é que você faz para lidar com ela de maneira tão eficiente AGORA?*

9. Veja o comportamento dentro do contexto

10. Verificação ecológica

11. Associar-se

12. Verificação ecológica

13. TESTE

14. Ponte ao futuro

O Modelo Para Mudança

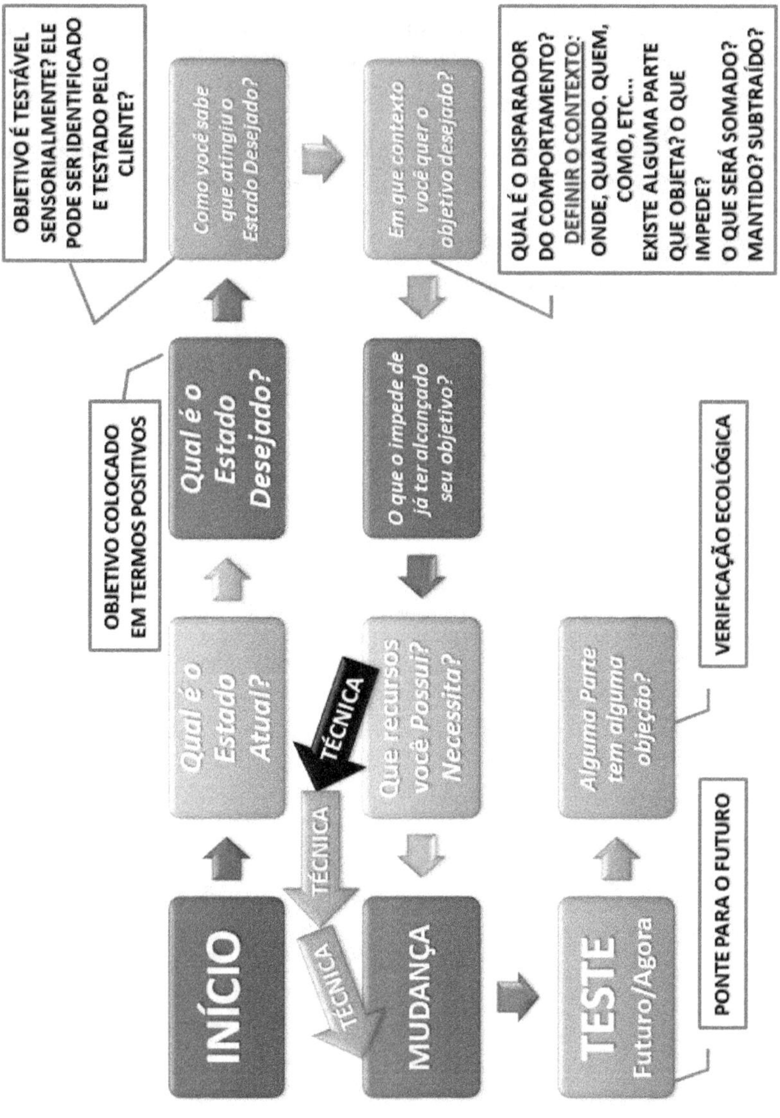

PADRÕES DA PNL (TERAPIA)

A lista de padrões da PNL a seguir constitui um guia geral de quais os padrões podem ser adequados a que tipos de problema. É claro que esses não são os únicos tipos de problema com os quais os padrões podem lidar. Às vezes, um problema pode estar "aninhado" noutro, e pode, por exemplo, começar com uma ressignificação em seis passos e depois ter que lidar com uma questão de crença antes de concluir a ressignificação em seis passos. Então poderá ter que estabelecer ponte ao futuro e realizar um gerador de novos comportamentos. A sua flexibilidade é a qualidade mais importante e, quando em dúvida, a resposta residirá sempre na pessoa à sua frente e não em qualquer generalização.

TODOS OS PADRÕES DA PNL PODEM SER REALIZADOS EM TRANSE.

Tipo de Problema	Intervenção de PNL Adequada
Crenças irracionais e limitadoras Conflito de valores (entre relações)	Pressuposições da PNL
Relacionamentos difíceis	Desenvolvimento de segunda posição Alinhamento de posições perceptivas Meta-espelho / Posições Perceptivas Contrastando TOTS
Dificuldade em Tomar Decisões	Resultado ou objetivos
Falta de Motivação Depressão	Trabalho de mudança de submodalidades Objetivos bem formulados Alinhamento de níveis neurológicos Estratégia de motivação
Falta de Habilidades Sociais	Rapport Ancoragem e Submodalidades.
Medos	Trabalho de estratégia

	Dissociação V/C
	Trabalho de mudança de submodalidades
	Ancoragem de recursos
Fobias	Processo de cura de fobia
Trauma	Processo de cura de fobia
Criatividade e solução de problemas cognitivos	Estratégia Disney Uso de pressuposições
Pessoa com tendência a Comparações limitadoras	Ressignificação de contexto Meta-modelo – comparações
Planeamento de vida / Alcançar Objetivos	Objetivos ou resultados de longo prazo Alinhamento de níveis neurológicos
Crenças limitadoras	Processo PCM Afirmações
Hábitos ou compulsões, auto sabotagem	Ressignificação em seis passos Integração de partes Operadores modais do Metamodelo
Medo de palco; falta de confiança (Ansiedade)	Alinhamento de níveis neurológicos Associação e dissociação Ponte ao futuro Mudança de estados Ancoragem de recursos
Reações indesejadas a eventos	Ressignificação de conteúdo Transe diário
Hábitos indesejáveis (Fumar; beber; comer; roer as unhas; etc)	Swish Ressignificação em seis passos Gerador de novos comportamentos
Sensação vaga, dificuldade em determinar o problema	Metáfora Mudança de estados

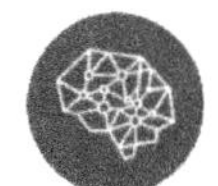

específico / Confusão Mental / Indiferença emocional	
Falta de assertividade	Desenvolvimento de primeira posição Centrar-se
Decisão limitadora passada: *Culpa; Arrependimentos; Lutos; Relações mal resolvidas.*	Trabalho com Terapia da Linha de tempo Processo de cura de fobia Mudança de história pessoal
Dificuldade na Organização e Gestão do tempo	Através da linha de tempo
Forte estado negativo (Estados Depressivos)	Quebra de estado Interrupção de padrão Encadeamento de âncoras
Estado sem recursos habitual, depressão	Ancoragem de recursos Encadeamento de âncoras Empilhamento de âncoras Colapso de âncoras Análise de contraste de submodalidades Perguntas Mudança de estados
Situação emperrada / Obsessões e Compulsões.	Padrão de alavancagem Integração de movimentos oculares Encadeamento de âncoras Desafios de Metamodelo Metáfora isométrica Colapso de âncoras
Fracasso percebido, não alcançar resultados	Exercícios de TOTS
Dificuldade de relaxar / Ansiedade Generalizada / Stress	Inventário Transe
Objetivos ou demandas conflitantes	Integração de partes

171

Não obtenção de resultados, falta de completude; Fracassos na Vida Profissional; Relacional ou Escolar.	Ponte ao futuro Ensaio mental
Aprendizagem a partir da experiência; Padrões repetitivos de problemas psicológicos; relacionais. / Problema recorrente com causa no passado	Aprendizagem a partir da experiência Mudança de história pessoal
Não-envolvimento; Dificuldades na entrega na relação.	Associação
Excesso de envolvimento – Co Dependência; Ciúmes.	Dissociação
Contusões ou dores crónicas – Problemas Psicossomáticos;	Transe
Negociação e mediação	Habilidades de negociação
Incongruências Falta de aceitação de si mesmo: Baixa autoestima; baixa autoconfiança.	Alinhamento de níveis neurológicos Integração de partes Verificação de congruência

PROBLEMAS GENERATIVOS

TORNANDO AS COISAS AINDA MELHORES

Tipo de Problema	Intervenção de PNL Adequada
Desfrutar da experiência	Na linha de tempo Associação
Planear o futuro / Objetivos	Intensificação de submodalidades críticas Empilhamento de âncoras Ancoragem de recursos

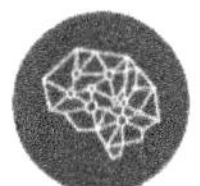

	Mudança de estados
	Transe
Desenvolvimento da Criatividade	Transe
Relaxamento / Agitação / Nervosismo.	Transe

GLOSSÁRIO DE TERMOS DE PNL

Acompanhar - Adotar partes do comportamento de outra pessoa para aumentar o rapport. Obter e manter rapport com outra pessoa, entrando no seu modelo de mundo. É possível acompanhar crenças, ideias e comportamentos. Acompanhar a si próprio é dar atenção à sua própria experiência sem imediatamente tentar mudá-la.

Acuidade sensorial - O processo de aprender a fazer distinções mais finas e mais úteis das informações sensoriais que obtemos do mundo. Um dos pilares da PNL.

Além da identidade - O nível de experiência no qual você é mais você e mais conectado aos outros. Um dos níveis neurológicos. Frequentemente chamado de nível espiritual.

Ambiente - O onde, o quando e as pessoas com quem estamos. Um dos níveis neurológicos.

Ambiguidade de pontuação - Ambiguidade criada pela fusão de duas frases separadas em uma única oração.

Ambiguidade fonética - A que ocorre entre duas palavras que têm o mesmo som, mas significados diferentes (concerto/concerto, estático/extático).

Ambiguidade sintática - Ambiguidade provocada pela construção da frase, criando uma duplicidade de sentido. O mesmo que anfibologia.

Análise contrastante - Comparar dois ou mais elementos e procurar as diferenças críticas entre eles para compreendê-los melhor.

Analógico - Que oscila de forma contínua, como o mercúrio em um termômetro.

Âncora - Qualquer estímulo que evoque uma resposta. Âncoras mudam nosso estado. Podem ocorrer naturalmente ou ser estabelecidas de forma intencional.

Ancoragem - O processo pelo qual qualquer estímulo ou representação (externa ou interna) fica conectado a uma reação e a dispara.

Anfibologia - Ambiguidade provocada pela construção da frase, criando uma duplicidade de sentido. Também chamada ambiguidade sintática.

Associado - Dentro de uma experiência, enxergar através dos próprios olhos, de plena posse de todo os seus sentidos.

 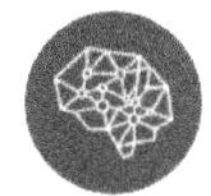

Através do tempo - Ter uma linha de tempo na qual você está dissociado de sua linha de tempo e, portanto, tem consciência do passar do tempo.

Auditivo - Relativo à audição.

Automodelagem - Modelar seus próprios estados de excelência como recursos.

Busca ou pesquisa transderivacional - É essencialmente o processo de pesquisar na sua experiência passada por memórias e/ou representações mentais para encontrar uma referência para um comportamento ou julgamento atual.

Calibração - Perceber com precisão o estado de outra pessoa através da leitura de sinais não-verbais.

Campo unificado - Estrutura unificadora da PNL. Uma matriz tridimensional de níveis neurológicos, posições perceptivas e tempo.

Capacidade - Uma estratégia bem-sucedida para realizar uma tarefa. Uma habilidade ou um hábito. Também uma maneira habitual de pensar. Um dos níveis neurológicos.

Cinestésico - Relativo ao sentido do tato. Sensações tácteis e sensações internas como sensações e emoções lembradas e o senso de equilíbrio.

Citação - Padrão linguístico no qual a mensagem é expressa como se fosse de outra pessoa.

Comando embutido - Um comando que está embutido em uma sentença mais longa. É demarcado por tom de voz ou gestos.

Como se - Usar a imaginação para explorar as consequências de pensamentos ou ações "como se" tivessem ocorrido quando na realidade não aconteceram. Uma forma de planejamento por sequência imaginária de acontecimentos futuros.

Comportamento - Qualquer atividade, incluindo os processos mentais. Comportamento é um dos níveis neurológicos.

Conciliação de objetivos - O processo de agrupar vários objetivos, otimizando as soluções. É a base das negociações onde todos saem ganhando.

Condições de boa formulação - Um conjunto de condições para expressar e pensar a respeito de um objetivo ou resultado e que o torna tanto alcançável quanto verificável.

Congruência - Estado de integridade. Alinhamento de crenças, valores, habilidades e ação de tal maneira que você "faz o que está dizendo". Estar em rapport consigo mesmo.

Consciente - Relativo a tudo que está na nossa percepção (consciência) no momento presente.

Contexto - O cenário específico, como tempo, local e pessoas presentes, que dá significado a um evento. Certas ações são possíveis (por exemplo, em família), ações estas que não são permitidas em outros contextos (por exemplo, no trabalho).

Crenças - As generalizações que fazemos sobre outros, sobre o mundo e sobre nós mesmos que se tornam nossos princípios operacionais. Agimos como se fossem verdadeiras e são verdadeiras para nós.

Critério - O que é importante para a pessoa dentro de um determinado contexto.

Critérios de boa formulação - Uma maneira de pensar e expressar o objetivo que o torna passível de ser atingido e verificado. Esses critérios são a base da conciliação de objetivos e das soluções mutuamente satisfatórias.

Deleção - Omissão de uma parte de uma experiência.

Descrição baseada nos sentidos - A informação que pode ser diretamente observada e comprovada pelos sentidos. Trata-se da diferença entre dizer "Seus lábios estão levemente separados, revelando uma parte dos dentes, e os cantos de sua boca estão ligeiramente elevados" e "Ela está feliz" - que é uma interpretação.

Descrição múltipla - Processo de descrever a mesma coisa a partir de diferentes pontos de vista.

Descrição tripla - Processo de perceber e descrever a experiência através da primeira, segunda e terceira posição.

Desequiparação - Adoção de padrões de comportamento diferentes dos de outra pessoa com a finalidade de interromper sua comunicação com você (em uma reunião ou conversa), ou a maneira dela se relacionar com ela mesma.

Dessemelhar - Adotar padrões de comportamento diferentes dos de outra pessoa; quebrar o rapport a fim de redirecionar ou interromper uma reunião ou conversa.

Diálogo interno - Falar consigo mesmo.

Digital - Capaz de estados distintos, mas não é uma escala contínua. Por exemplo, um interruptor de luz, que pode estar ligado ou desligado, mas não um pouco ligado ou um pouco desligado.

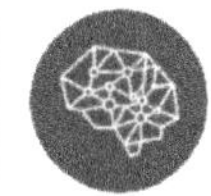

Dissociado - Que não está dentro de uma experiência, que observa ou ouve de fora.

Distorção - Processo pelo qual algo na experiência interior é representado de maneira incorreta e limitadora.

Ecologia- Uma preocupação e exploração das consequências gerais de seus pensamentos e ações na teia geral de relacionamentos na qual você se define como parte. Ecologia interna é como os diferentes pensamentos e sentimentos de uma pessoa se encaixam para torná-la congruente ou incongruente.

Eliciação - Provocação ou evocação de uma forma de comportamento, de um estado ou de uma estratégia.

Encadeamento - Sequenciar uma série de estados.

Enquadramento - Uma maneira de ver alguma coisa; um ponto de vista específico. Por exemplo, o enquadramento da negociação vê comportamento como se fosse uma forma de negociação.

Epistemologia - O estudo de como sabemos o que sabemos.

Equiparação - Adoção de partes do comportamento, das habilidades, crença ou valores de outra pessoa com a finalidade de aumentar o rapport.

Equiparação cruzada - Equiparação da linguagem corporal de uma pessoa com um movimento do tipo diferente. Por exemplo, mover sua mão no ritmo de sua fala.

Equivalência complexa - Duas afirmações consideradas como significando a mesma coisa, uma forma de comportamento e uma capacidade. Por exemplo: "Ele não está olhando para mim, portanto não está ouvindo o que digo".

Espelhamento - Equiparação exata das partes do comportamento de outra pessoa.

Espelhamento cruzado - Acompanhar a linguagem corporal de uma pessoa com um movimento diferente, por exemplo, bater o pé no ritmo da sua fala.

Espelhar - Copiar de maneira precisa segmentos do comportamento de outra pessoa.

Espiritual - Ver "Além de identidade".

Estado - A maneira como a pessoa se sente, o seu humor. A soma de todos os processos neurológicos e físicos de uma pessoa num determinado momento. O estado em que nos encontramos afeta nossas capacidades e nossa interpretação da experiência.

Estado associado - Estar dentro de uma experiência, vendo através de seus próprios olhos, estando plenamente em seus sentidos.

Estado dissociado - Estar distanciado de uma experiência, vendo, ouvindo e sentindo como se estivesse do lado de fora. De alguma forma sentir-se "fora" ou "desligado".

Estado emocional - Ver "Estado".

Estado-base - O estado mental normal e habitual.

Estados de recursos - A experiência neurológica e física quando a pessoa tem recursos.

Estratégia - Uma sequência de pensamentos possível de ser repetida que leva a ações que consistentemente produzem um resultado específico.

Estrutura "como se" - Fingir que um acontecimento ocorreu, para poder pensar "como se" ele tivesse ocorrido, o que permite encontrar soluções criativas para os problemas e ultrapassar mentalmente obstáculos aparentes a fim de chegar às soluções desejados.

Estrutura - Um contexto ou uma maneira de perceber algo, como por exemplo na estrutura de objetivos, estrutura de rapport, estrutura de recapitulação etc.

Estrutura de superfície - A forma visível derivada da estrutura profunda através de omissão, distorção e generalização. Em linguística transformacional, as palavras que são efetivamente ditas.

Estrutura profunda - Em gramática transformacional, essa é a forma linguística completa da afirmação da qual a estrutura superficial (o que foi efetivamente dito) é derivada. De modo geral, é a estrutura mais geral que dá margem a uma forma visível específica.

Evocar - Entrar em contato com um estado mental através do comportamento. Também significa coleta de informação, seja pela observação direta de sinais não-verbais ou das perguntas do metamodelo.

Exteriorização - Estado no qual a atenção e os sentidos estão voltados para fora. (uptime)

Filtros perceptivos - Ideias, experiências, crenças e linguagem que dão forma ao nosso modelo de mundo.

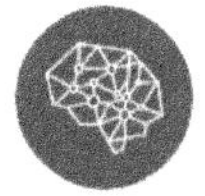

Feedback - Os resultados de suas ações que retornam para influenciar seus próximos passos. Um dos pilares da PNL.

Filtros perceptivos - Ideias, experiências, crenças e linguagem que dão forma ao nosso modelo de mundo.

Fisiológico - Relativo à fisiologia, à parte física de uma pessoa.

Flexibilidade - Ter muitas escolhas de pensamento e comportamento para alcançar um resultado. Um dos pilares da PNL.

Generalização - Processo pelo qual uma experiência específica passa a representar toda uma classe de experiências ou todo um grupo de experiências.

Gustativo - Relativo ao paladar.

Hierarquia de critério - É essencialmente a ordem de prioridade que uma pessoa aplica para suas ações.

Hipnose - estado alterado de consciência e percepção, de profundo relaxamento, no qual o consciente e o inconsciente podem ser focalizados por ficarem mais receptivos à sugestão terapêutica.

Identidade - A autoimagem ou autoconceito. Quem a pessoa acha que é. A totalidade do ser. Um dos níveis neurológicos.

Incongruência - Estado de conflito. O estado de não estar em rapport consigo mesmo, tendo um conflito interno que se expressa em seu comportamento. Pode ser sequencial - por exemplo, uma ação seguida de outra que a contradiz - ou simultânea - por exemplo, concordância em palavras, mas com tom de voz duvidoso.

Inconsciência - Tudo o que não está dentro da nossa percepção no momento.

Inconsciente - Tudo o que não está em sua consciência no momento presente.

Intenção - O propósito de uma ação, o resultado que se deseja obter com ela.

Intenção positiva - O propósito positivo subjacente a qualquer ação ou crença.

Interiorização - Estado leve de transe em que a atenção se volta para dentro, para os próprios pensamentos e sensações. (downtime)

Interrupção de padrão - Mudar o estado de uma pessoa um tanto abruptamente, frequentemente através de sua desequiparação.

Inventário - A consciência de suas experiências visuais, auditivas, cinestésicas, olfativas e gustativas em um dado momento.

Lados - Aspectos da personalidade que às vezes possuem intenções conflitantes.

Liderar ou conduzir - Mudar aquilo que você faz com rapport suficiente para que outra pessoa siga.

Linguagem corporal - A maneira pela qual nos comunicamos através de nosso corpo, sem sons ou palavras. Por exemplo, através de nossa postura, nossos gestos, expressões faciais, aparência e pistas de acesso.

Linguística - estudo da linguagem que usamos para ordenar nossos pensamentos e comportamentos e nos comunicarmos com os outros.

Linha do tempo - A linha que conecta seu passado a seu futuro. O "lugar" onde armazenamos imagens, sons, e sensações de nosso passado e nosso futuro.

Linha temporal - A forma como armazenamos imagens, sons e sentimentos de nosso passado, presente e futuro.

Mapa da realidade - A representação do mundo singular de cada pessoa construída a partir de suas percepções e experiências individuais. Não é apenas um conceito, mas toda uma maneira de viver, respirar e agir.

Mediação - A habilidade de resolver uma disputa entre partes e pessoas.

Meta - Radical que define o que existe num nível lógico diferente. Derivado do grego, significa "acima" ou "além".

Metacognição - A capacidade de saber o que se conhece: ter uma habilidade e poder explicar como ela é realizada.

Meta-estado - Estado sobre estados. Por exemplo, ter raiva de estar cansado.

Metáfora - Comunicação indireta através de uma história ou figura de linguagem implicando uma comparação. Em PNL, metáfora abrange similaridades, histórias, parábolas e alegorias. Implica, de forma aberta ou oculta, que uma coisa é como outra.

Metamodelos - Modelo que identifica os padrões de linguagem que impedem ou obscurecem o significado da comunicação. Utiliza a distorção, a omissão e a generalização e perguntas específicas que vão esclarecer e colocar em questão a linguagem imprecisa, para ligá-la a uma experiência sensorial e à estrutura profunda.

Metaposição - Uma posição externa a uma situação que permite que você a veja de forma mais objetiva. Também usada para a posição de observador em exercícios de PNL.

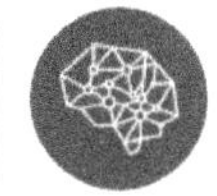

Metaprogramas - Filtros que aplicamos sistematicamente à nossa experiência.

Modelagem - Processo de discernir a sequência das ideias e comportamentos que permitem a alguém fazer uma tarefa. É a base da aprendizagem acelerada e da PNL.

Modelo - Uma descrição prática da maneira como algo funciona e que tem como propósito a utilidade. Uma cópia generalizada, omitida ou distorcida, mas não demasiadamente simples, para ser útil.

Modelo de mundo - O mesmo que mapa da realidade.

Modelo Milton - O inverso do metamodelo. Utiliza padrões de linguagem bastante vagos para acompanhar a experiência de outra pessoa e ter acesso a recursos inconscientes. Uma série de padrões de linguagem modeladas por Grinder e Bandler a partir de Milton Erickson.

Mudança de primeira ordem - Uma mudança que não tem ramificações futuras.

Mudança de segunda ordem - Mudança que tenha extensas ramificações para áreas outras que não aquela onde a mudança ocorreu.

Negociação - O processo de tentar obter seu resultado lidando com outra parte que pode desejar um resultado diferente.

Neurolinguística - é o estudo das relações entre a linguagem e os processos neurológicos (audição, visão, sensações, olfato e paladar).

Níveis neurológicos - Também conhecidos como níveis lógicos da experiência: ambiente, comportamento, capacidade, crença, identidade e nível espiritual.

Nível lógico - Algo está num nível lógico superior quando inclui algo que se encontra num nível lógico inferior.

No tempo - Ter uma linha de tempo com o "agora" passando pelo seu corpo. Quando você está "no tempo", não percebe sua passagem, mas é "levado junto".

Nominalização - Termo linguístico para o processo de transformar um verbo em um substantivo abstrato e a palavra para o substantivo assim formado. Por exemplo: "relacionar" passa a ser "um relacionamento" - um processo se tornou uma coisa.

Novo código - Abordagem da PNL, segundo o trabalho de John Grinder e Judith Deluzir, contida no livro "Turtles all the way down".

Objetivo - Resultado específico que se deseja alcançar. Baseia-se nos sentidos e obedece a critérios de boa formulação.

Olfativo - Relativo ao olfato.

Omissão - No discurso ou no pensamento, exclusão de uma parte da experiência.

Operador modal de necessidade - - Palavras que implicam regras quanto ao que é necessário. Por exemplo, "deveria, "deve", "ter que" e "não deveria".

Operador modal de possibilidade - Palavras que implicam regras quanto ao que é possível. Por exemplo, "posso", "não posso", "possível", "impossível".

Orientar - Modificar o próprio comportamento e estabelecer rapport, para que outra pessoa o siga.

Partes - Aspectos da personalidade que às vezes possuem intenções conflitantes.

Pilares de PNL - Você, pressuposições, resultado, rapport, flexibilidade e feedback (acuidade sensorial).

Pistas de acesso - As maneiras pelas quais ajustamos nossos corpos através de nossa respiração, postura, gestos e movimentos oculares para pensarmos de determinadas maneiras.

Pistas de acesso oculares - Movimentos dos olhos em certas direções que indicam pensamento visual, auditivo ou cinestésico.

Pistas visuais de acesso - Movimentos oculares em determinadas direções, que indicam pensamento visual, auditivo ou cinestésico.

PNL - Programação Neurolinguística é definida como o estudo da estrutura da experiência subjetiva, o que pode ser deduzido e predito por ela já que se crê que todo o comportamento tem uma estrutura. (Richard Bandler)

A parte "Neuro" da PNL reconhece a ideia fundamental de que todos os comportamentos nascem dos processos neurológicos da visão, audição, olfato, paladar, tato e sensação. Percebemos o mundo através dos cinco sentidos. "Compreendemos" a informação e depois agimos. Nossa neurologia inclui não apenas os processos mentais invisíveis, mas também as reações fisiológicas a ideias e acontecimentos. Uns refletem os outros no nível físico. Corpo e mente formam uma unidade inseparável, um ser humano.

 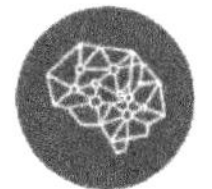

A parte "Linguística" do título indica que usamos a linguagem para ordenar nossos pensamentos e comportamentos e nos comunicarmos com os outros.

A "Programação" refere-se à maneira como organizamos nossas ideias e ações à fim de produzir resultados. A PNL trata da estrutura da experiência humana subjetiva, de como organizamos o que vemos através dos nossos sentidos. Também examina a forma como descrevemos isso através da linguagem e como agimos, intencionalmente ou não, para produzir resultados.

Do livro: Introdução à Programação Neurolinguística - J.O'Connor/J.Seymour

Ponte para o futuro - Ensaio mental de um objetivo para assegurar que o comportamento desejado irá ocorrer.

Posição perceptiva - O ponto de vista que adotamos num determinado momento para ter consciência de alguma coisa. Pode ser o nosso próprio ponto de vista (primeira posição), o ponto de vista de outra pessoa (segunda posição), ou o de um observador objetivo (terceira posição).

Postulado de conversação ou conversacional - Forma hipnótica de linguagem, uma pergunta que é interpretada como uma ordem.

Predicados - Palavras que, baseadas nos sentidos, indicam o uso de um determinado sistema representacional.

Pressuposições - Ideias ou crenças que são pressupostas, ou seja, consideradas como dadas e sobre as quais se age. Um dos pilares da PNL.

Primeira posição - Maneira de perceber o mundo unicamente do nosso próprio ponto de vista. Estar em contato com a nossa realidade interna. Uma das três posições perceptivas.

Programação neurolinguística - O estudo da excelência e o modelo de como as pessoas estruturam sua experiência.

Quantificadores universais - Termo linguístico que se aplica a palavras como: "todos" e "sempre", que não admitem exceções. Uma das categorias do metamodelo.

Quebra de estado - O uso de movimento, som ou imagem para mudar o estado emocional.

Rapport - Um relacionamento de confiança e responsividade com você mesmo ou com os outros. Um dos pilares da PNL.

Recapitulação - Revisar ou resumir, usando as palavras-chave, os gestos e a tonalidade de voz de outra pessoa.

Recurso - Qualquer coisa que possa ajudá-lo a alcançar um resultado. Por exemplo, fisiologia, estados, pensamentos, crenças, estratégias, experiências, pessoas, eventos, bens, lugares e histórias.

Remodelar - O mesmo que ressignificar.

Representação - Uma imagem mental; informações sensoriais codificadas ou armazenadas na mente.

Representações internas - Padrões de informação que criamos e armazenamos em nossa mente, combinando imagens, sonhos, sensações, cheiros e paladares.

Ressignificação - Compreender uma experiência de forma diferente, dando a ela um significado diferente.

Ressignificação de conteúdo - Tomar uma afirmação e dar-lhe um novo significado, voltando a atenção para outra parte do conteúdo e perguntando: "O que mais isto poderia significar?"

Ressignificação de contexto - Mudar o contexto de uma declaração dando-lhe outro significado, através da pergunta: "Onde essa reação seria adequada?"

Ressignificar - Mudar a estrutura de referência para lhe dar um novo significado. O mesmo que remodelar.

Resultado ou objetivo - Uma meta desejada, específica e sensorialmente baseada. Você sabe o que verá, ouvirá e sentirá quando o tiver alcançado. Um dos pilares da PNL.

Segmentação - Mudar sua percepção, subindo ou descendo um nível lógico. O metamodelo segmenta para baixo a parir da linguagem, solicitando instâncias específicas. O Modelo Milton segmenta para cima a partir da linguagem, incluindo uma série de instâncias específicas possíveis em uma estrutura de frase geral. A metáfora segmenta para o lado para um significado diferente no mesmo nível. A segmentação para baixo implica descer ao nível inferior para obter um exemplo específico daquilo que se está estudando. Isto pode ser feito na relação entre membros e classe, ou partes e todo.

Segunda posição - Aquela em que se percebe o mundo do ponto de vista de outra pessoa, em harmonia e em contato com a realidade dela. Uma das três posições perceptivas

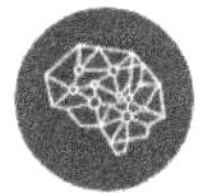

Sinergia - Esforço coordenado de vários subsistemas na realização de uma tarefa complexa ou função. Diz-se que o todo supera a soma das partes.

Sinestesia - Uma ligação automática de um sentido para outro. Por exemplo, quando o som da voz de uma pessoa faz com que você se sinta bem.

Sistema condutor ou orientador - O sistema representacional que você usa para acessar informações armazenadas. Por exemplo, para algumas pessoas, uma imagem mental de um período de férias trará de volta a experiência inteira.

Sistema preferencial - O sistema representacional que a pessoa usa habitualmente para pensar de maneira consciente e organizar sua experiência.

Sistema principal - O sistema representacional que encontra informações para alimentar a consciência.

Sistema representacional - Os diferentes canais através dos quais nós representamos informações internamente, usando nossos sentidos: visual (visão); auditivo (audição); cinestésico (sensação corporal); olfativo (olfato) e gustativo (gosto).

Sistema representacional preferido ou preferencial - O sistema representacional que um indivíduo tipicamente usa para pensar de forma consciente e organizar sua experiência.

Sistema vestibular - Sistema representacional que lida com a sensação de equilíbrio.

Sobrepor - Usar um sistema representacional para ter acesso a outro; por exemplo, criar uma cena e depois ouvir os sons dessa cena.

Submodalidades - As distinções finas que fazemos em cada sistema representacional, as qualidades de nossas representações internas e os menores blocos de construção de nossos pensamentos.

Substantivação - Termo linguístico que indica o processo de transformar um verbo em substantivo abstrato. Exemplo: pensar - pensamento

Sujeitos não especificados - Sujeitos que não declaram claramente a quem ou a que se referem, por exemplo, "eles".

Terceira posição - Aquela em que se percebe o mundo do ponto de vista de um observador distante e indulgente. Uma das três posições perceptivas.

Transe - Estado alterado de consciência em que a atenção se volta para dentro e se concentra em poucos estímulos.

Universais ou quantificadores universais - Palavras como "todos", "tudo" e "nunca" que não admitem exceção.

Valores - Aquilo que é importante para a pessoa, por exemplo, saúde.

Verbos não especificados - Verbos cujo advérbio foi omitido e, portanto, não expressam a maneira como a ação foi feita. O processo não fica especificado. Por exemplo, "pensar" ou "fazer".

Visual - Relativo ao sentido da visão.

Visualização - O processo de ver imagens mentais.

LIVORS PARA PRACTITIONERS E UPSIDES NESTA OBRA

OS LIVROS ESTÃO EM ORDEM ALFABÉTICA E OS MAIS ACONSELHÁVEIS ESTÃO EM NEGRITO.

A Estrutura da Magia - Um livro sobre Linguagem e Terapia - Richard Bandler - John Grinder - Editora LTC

Aprendizagem Dinâmica - Vol. 1 - Todd A. Epstein & Robert B. Dilts - SUMMUS EDITORIAL

Aprendizagem Dinâmica - Vol. 2 - Todd A. Epstein & Robert B. Dilts - SUMMUS EDITORIAL

Desperte seu Gigante Interior - Anthony Robbins - Editora Record ou Editora Bestseller

Estratégia da Genialidade, A - Aristóteles, Wolfgang Amadeus Mozart, Sherlock Homes e Walt Disney - Robert B. Dilts - SUMMUS EDITORIAL

José, os Carneiros e os Lobos - Luís Octávio, Del Rodrigues e Regina Rodrigues - Editora CONEDI

Modernas Técnicas de Persuasão - A vantagem oculta em vendas - John H. Herd & Donald J. Moine - SUMMUS EDITORIAL

O Macaquinho e o Cavalo - Luís Octávio, Del Rodrigues e Regina Rodrigues - Editora CONEDI

Os Coelhinhos e o Cão de Três Pernas - Luís Octávio, Del Rodrigues e Regina Rodrigues - Editora CONEDI

Pensamento & Mudança: Desmistificando a Programação Neurolinguística (PNL) – Dr. Nelson Spritzer – L&PM.

Poder Ilimitado - uma escolha negra - Anthony Robbins & Joseph McClendon III - Editora Record

Poder Sem Limites - O Caminho do Sucesso Pessoal pela Programação Neurolinguística - Anthony Robbins - Editora Best Seller

Refém Emocional, O - Resgate sua vida afetiva - Michael Lebeau & Leslie Cameron-Bandler - SUMMUS EDITORIAL

Resignificando - Programação neurolinguística e a transformação do significado - Richard Bandler & John Grinder - SUMMUS EDITORIAL

Sapos em Príncipes - Programação neurolinguística - Richard Bandler & John Grinder - SUMMUS EDITORIAL

Soluções - Antídotos práticos para problemas sexuais e de relacionamento - Leslie Cameron-Blander - SUMMUS EDITORIAL

Terapia Não-Convencional - As técnicas psiquiátricas de Milton H. Erichson - Jay Haley - SUMMUS EDITORIAL

Usando sua Mente - As coisas que você não sabe que não sabe - Richard Bandler - SUMMUS EDITORIAL

LIVROS PARA MASTER PRACTITIONERS E USADOS NESTA OBRA

OS LIVROS ESTÃO EM ORDEM ALFABÉTICA
E OS MAIS ACONSELHÁVEIS ESTÃO EM
NEGRITO.

Atravessando - Passagens em psicoterapia - Richard Bandler & John Grinder - SUMMUS EDITORIAL

Crenças: Caminhos para a Saúde e o Bem-estar - Tim Hallbom; Suzy Smith & Robert B. Dilts - SUMMUS EDITORIAL

Engenharia da Persuasão - Richard Bandler e John La Valle - Editora Rocco

Hipnose Médica e Odontológica - Aplicações Práticas - Milton H. Erickson M.D., Seymour Hershman M.D. e Irving Secter D.D.S. - Editorial Psy

Hora de Mudar - Richard Bandler - Editora Rocco

O Homem de Fevereiro - Milton Erickson e Ernest Lawrence Rossi - Editorial Psy

O Novo Cérebro: Como Criar Resultados Inteligentes – Dr. Nelson Spritzer – L&PM.

PNL e Saúde - Recursos da PNL para uma vida saudável - Joseph O' Connor & Ian McDermott - SUMMUS EDITORIAL

Seminários Didáticos com Milton H. Erickson - Jeffrey K. Zeig – organizador - Editora Livro Pleno

Vivenciando Erickson - Uma apresentação da pessoa humana e do trabalho de Milton H. Erickson, M.D. - Jeffrey K. Zeig, Ph.D. - Editorial Psy

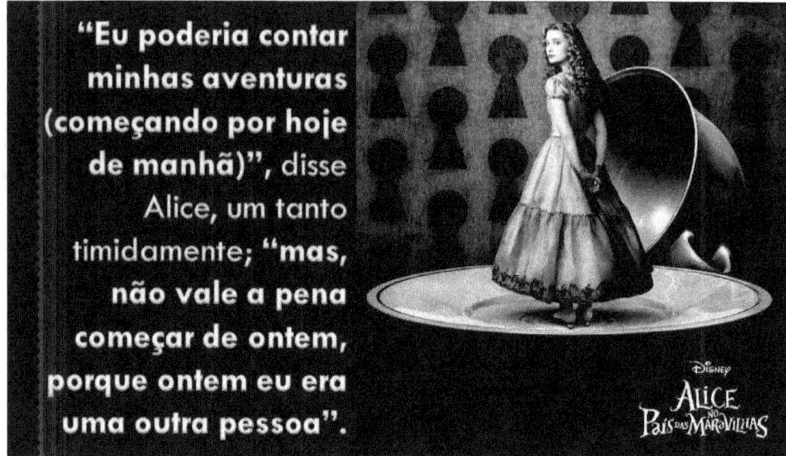

Contato com o autor:

www.chartonbaggio.com

www.ingramcontent.com/pod-product-compliance
Lightning Source LLC
Chambersburg PA
CBHW072224150726
48002CB00005B/1940